中級を学ぼう

日本語の文型と表現56

CD付
Webでも聞けます！

中級前期
第2版

平井悦子・三輪さちこ　著

スリーエーネットワーク

©2007 by Hirai Etsuko and Miwa Sachiko

All rights reserved. No part of this publication may be reproduced, stored in a retrieval system, or transmitted in any form or by any means, electronic, mechanical, photocopying, recording, or otherwise, without the prior written permission of the Publisher.

Published by 3A Corporation.
Trusty Kojimachi Bldg., 2F, 4, Kojimachi 3-Chome, Chiyoda-ku, Tokyo 102-0083, Japan

ISBN978-4-88319-788-0 C0081

First published 2007
Second Edition 2019
Printed in Japan

はじめに

『中級を学ぼう　日本語の文型と表現56
中級前期　第2版』について

　2007年、『中級へ行こう　日本語の文型と表現59』に続く教材として『中級を学ぼう　日本語の文型と表現56　中級前期』初版第1刷を出版いたしました。お陰様で多くの日本語学習者に利用していただき、刷を重ねてまいりました。

　初版出版から約12年。今般、初版の「一般的な事柄や抽象的なテーマについて会話ができる」「多様な文章の読み書きができる」という目標に加え、「読解力をつける」「中級レベルの語彙を増やす」という視点からの加筆修正を行いました。

　また、昨今の非漢字圏の学習者の増加を受け、漢字練習を新たに設けました。文法説明と語彙には英語・中国語・韓国語・ベトナム語訳をつけました。

　使いやすさはそのままに、内容を一部新しくし、練習問題も精査し、部分的に改訂いたしました。今後もより多くの皆様に使っていただけることを願っております。

　この改訂にあたり、スリーエーネットワークの佐野智子氏、田中綾子氏に多くの助言をいただきましたことをここに深く感謝申し上げます。

　　2019年3月　　　　　　　　　　　　　　　　　　著者

この本をお使いになる方へ

対象とする学習者及び学習時間

『中級へ行こう　日本語の文型と表現 55（第 2 版）』などの初中級の学習が終了した学習者を対象としています。漢字や語彙に関しての知識は JLPT の N3 相当レベルの力があり、ある程度読解の力もついていることが望ましいです。

学習時間数は教師の指導の下で各課 8 ～ 10 時間、合計 64 ～ 80 時間で学習することを想定しています。作文のテーマについて討論したり、漢字練習を行ったりする場合はさらに時間が必要です。

構成　　8 課

学習項目　56 ＋☆ 13

基本的に『みんなの日本語初級（第 2 版）』及び『中級へ行こう日本語の文型と表現 55（第 2 版）』で扱われた項目を既習とし、56 の学習項目を取り上げました。また関連した学習項目として 13 の項目（☆）を発展学習として取り上げました。

新出語　約 900

基本的に『みんなの日本語初級（第 2 版）』及び『中級へ行こう日本語の文型と表現 55（第 2 版）』で扱われた語彙を既習とし、「JLPT」N3 ～ N2 レベルと思われる語彙を取り上げ、英語・中国語・韓国語・ベトナム語の訳をつけ、別冊に収録しました。

各課の構成

1. 扉のページ（話しましょう）

各課の最初のページです。イラストを見たり、質問に答えたりすることでその課のトピックについて学習者が持っている知識を活性化します。また新しい語彙も獲得できます。

2. 本文

・19 ～ 24 行の長さの読み物を読みます。

・ことばを確かめよう：本文の内容理解に必要な言葉のリストです。
　　　　　　　　　　　言葉の練習問題は、使い方を学ぶためのものです。

・内容を確かめよう：大意を問う質問と精読用質問です。

3. 学習項目：文法項目の提示と説明
　　　　　　英語・中国語・韓国語・ベトナム語訳つき

4. 学習項目の練習
　・基本練習：正解が１つのもの
　・応用練習：正解が１つではなく自由に答えられるもの
　・読　も　う：目標の学習項目が使われている短い読み物を読み、質問に
　　　　　　　答える
　・聞　こ　う：目標の学習項目が使われている短い読み物を聞き、（　）に
　　　　　　　言葉を書く。質問に答える
　・書　こ　う：目標の学習項目を使い、テーマに沿って書く
　※「読もう」「聞こう」「書こう」を使って、話す練習もできます。

5. チェックシート
　新しい学習項目や本文の言葉、助詞の使い方などが理解できているかど
　うかチェックします。各課10問で５分程度でできるものです。

6. 聴解タスクシート
　1）CD を聞きながら、（　　）に言葉を記入
　2）質問文を聞いて、答えを書く

7. 作文
　各課のテーマに沿って作文を書きます。

8. プラスアルファ
　各課の本文に関連した、より幅広い学習のためのものです。

漢字練習
各課の本文がルビなしで読めるようになるための漢字学習です。取り上げた
漢字は 193 字。構成は次のとおりです。
1. 漢字リスト（音訓・語彙）
2. 読み練習　　問題１：本文で使われている漢字語彙の読み
　　　　　　　　問題２：既習漢字であるが、この課の本文で学ぶ読み方や、
　　　　　　　　　　　漢字語彙
　　　　　　　　問題３：この課で学習した漢字語彙やその関連語（例：反意
　　　　　　　　　　　語）の読み
　　　　　　　　　　　既習漢字を含む漢字語彙の読み
3. ルビなし本文

この本をお使いになる方へ　│(5)

注意

1. 「学習項目」の接続で「普通形」は以下を表します。
   例：

動　詞	行く	行かない	行った	行かなかった
い形容詞	大きい	大きくない	大きかった	大きくなかった
な形容詞	暇だ	暇じゃ／ではない	暇だった	暇じゃ／ではなかった
名　詞	休みだ	休みじゃ／ではない	休みだった	休みじゃ／ではなかった

2. 品詞は以下のように表します。
   動　詞：V
   い形容詞：A
   な形容詞：Na
   名　詞：N

3. 動詞の活用形は以下のように表します。
   ます形：V_マス　（書き）
   辞書形：V_ル　（書く）　※V_ティル等を含む
   ない形：V_ナイ　（書か）　※V_テイナイ等を含む
   て　形：V_テ　（書いて）
   た　形：V_タ　（書いた）

4. 練習の中での指示語として「Vなさい」が使われています。

5. 文体について
   丁寧体・普通体を適宜使用しています。

6. ふりがなについて
   扉のページ・本文・学習項目の見出しのことばと説明・聴解タスクシート・別冊解答には全てルビをつけました。それ以外は各ページで初出の漢字のみについています。

◎別冊
1. 新出語（英語・中国語・韓国語・ベトナム語訳つき）
2. 解答
3. 漢字練習の解答
4. 聴解スクリプト（聴解タスクシート　2・第6課　学習項目の練習7-1）
   聞こう）

◎WEB
1. 教師用手引き
2. 総合練習問題
3. 音声（CDと同じ内容）

https://www.3anet.co.jp/np/books/3313/ よりダウンロードしてお使いください。

目次
もくじ

ページ

この本をお使いになる方へ   (4)

学習項目一覧
がくしゅうこうもくいちらん   (9)

第1課
だい   か
音楽と音の効果   1
おんがく　おと　こうか

第2課
だい   か
いい数字・悪い数字   19
すうじ　わる　すうじ

第3課
だい   か
「面白い」日本   35
おもしろ　　　にほん

第4課
だい   か
くしゃみ   53

第5課
だい   か
私の町   71
わたし　まち

第6課
だい   か
この日に食べなきゃ、意味がない！   89
ひ　た　　　　　いみ

目次 ｜(7)

第7課
だい か

お相撲さんの世界
すもう　　　せかい

109

第8課
だい か

第一印象
だいいちいんしょう

127

漢字練習
かんじ れんしゅう

144

索引
さくいん

177

別冊
べっさつ

新出語（英語・中国語・韓国語・ベトナム語訳つき）
しんしゅつご　　えいご　ちゅうごくご　かんこくご　　　　　　　ごやく

解答
かいとう

漢字練習の解答
かんじ れんしゅう　かいとう

聴解スクリプト（聴解タスクシート　2・第6課　学習項目の練習7－1）
ちょうかい　　　　　　　ちょうかい　　　　　　　　だい　か　がくしゅうこうもく　れんしゅう

聞こう）
き

学習項目一覧
がくしゅうこうもくいちらん

課 か	タイトル	扉のページ とびら （話しましょう） はな	学習項目 がくしゅうこうもく	作文のテーマ さくぶん	プラスアルファ
1	音楽と音の おんがく おと 効果 こうか	・音を聞く 　おと き ・音とリラックスにつ 　おと 　いて話す 　　はな	1. カタカナ語 　ご ☆Ｎって何ですか。……Ｎのことです。 　　なん 2. ～だろう 3. ～のだろうか 4. ～わけがない 5. 「わけがない・わけではない」の整理 　　　　　　　　　　　　　　　せいり 6. 名詞修飾節の「が」→「の」 　めいししゅうしょくせつ 7. Ｖルこと／Ｎこそ 8. 動詞の省略 　どうし しょうりゃく 9. より～	私の好きな歌 わたし す うた （音楽・音） おんがく おと	形容詞の名詞化 けいようし めいしか
2	いい数字・ すうじ 悪い数字 わる すうじ	・数字を偶数・奇数に 　すうじ ぐうすう きすう 　分ける 　わ ・好きな数字について 　す すうじ 　話す 　はな ・自国の「いい数字」・ 　じこく すうじ 　「悪い数字」につい 　わる すうじ 　て話す 　　はな	1. ～というＮ ☆～っていうＮ 2. Ｖルこと／Ｎ ほど～は ない・いない 3. Ｖル／Ｖナィない ほど ☆Ｖル／Ｖナィない ぐらい・くらい 4. Ｎからすると 5. 〔疑問語疑問文〕より、～ 　 ぎもんご ぎもんぶん 6. 「数字」について読む・聞く 　 すうじ よ き	好きな数字・特 す すうじ とく 別な数字 べつ すうじ	数字のある熟語 すうじ じゅくご
3	「面白い」 おもしろ 日本 にほん	・電車の中の様子につ 　でんしゃ なか ようす 　いて話す 　　はな	1. Ｖテ／Ｎ 以来 　　　　いらい 2. 何～も ☆何～か 　なん なん 3. 文章の中の「こ・そ」 　ぶんしょう なか ☆会話の中の「そ・あ」 　かいわ なか 4. 普通形ということだ 　ふつうけい 5. Ｖルまでもない・Ｖルまでもなく～ 6. 疑問語＋Ｎであろうと 　ぎもんご ☆Ｎ₁であろうと、Ｎ₂であろうと 7. Ｖ（移動動詞）テいる（移動後の状態） 　 いどうどうし いどうご じょうたい ☆Ｖ（移動動詞）テいる（状況の変化） 　 いどうどうし じょうきょう へんか	日本に来て（外 にほん き がい 国へ行って・ こく い 違う町へ行っ ちが まち い て）分かった 　 わ こと	ステレオタイプ
4	くしゃみ	・自国のくしゃみの音 　じこく おと 　について話す 　　　　はな ・動物の鳴き声をどう 　どうぶつ な こえ 　表すか話す 　あらわ はな	1. Ｖタとたん 2. 複合動詞（Ｖマス＋だす・込む） 　ふくごうどうし こ ☆～だす（開始）・～込む（十分に） 　　　　かいし こ じゅうぶん 3. Ｎとともに（＝～と一緒に） 　　　　　　　　いっしょ ☆1 Ｖルとともに（＝～と同時に） 　　　　　　　　　　　どうじ ☆2 Ｖル／Ｎ とともに（＝～に伴って） 　　　　　　　　　　　　　ともな 4. 助詞＋「の」 　じょし 　　での・からの・までの・との・への 5. Ｖル／Ｎの 途中 　　　　　　 とちゅう 6. 擬音語・擬態語 　ぎおんご ぎたいご 7. ～ことに	くしゃみ	花粉症チェック かふんしょう

学習項目一覧 ｜(9)

5	私の町	・建物の特徴 ・好きな建物について話す	1. Vマスつつある 2. Nを中心に 3. Vタところに ☆ Vタところで 4. 「意志動詞・無意志動詞」の整理 5. Nらしい・Nらしさ・Nらしく 6. ～げ	メールを出そう「近況報告」	位置を表す言葉
6	この日に食べなきゃ、意味がない！	・特別な日に食べる料理について話す ・自国のお正月・特別な日に食べるものについて話す	1. 話し言葉 2. Nにとって 3. Vナイずに（は）いられない 4. ～らしい 5. ～としたら 6. Vル／Vナイ（という）ことになる ☆1 ～ことになっている ☆2 ～ことにしている 7. グラフの言葉	正月料理・特別な料理	味を表す言葉・食事の言葉
7	お相撲さんの世界	・スポーツ選手に必要なことについて話す ・どんな職業に関心があるか考える	1. Nだらけ 2. Vナイと、Vナイからだ 3. Vル／Nの たびに 4. ～に加え（て） 5. （数字）は 6. Vル／Vナイ ように 7. Vテくる 8. 「接続詞・副詞」の整理	仕事のよい面・大変な面	自己アピールに関する言葉
8	第一印象	・印象・自信があることの自己チェック	1. ～にすぎない 2. Nさえ～ば／～なら 3. 「さえ・しか・こそ」の整理 4. ～というものではない・～というものでもない 5. Vマスかねない 6. ～ものの	人に会う時、気をつけていること	ディベート

第1課
音楽と音の効果

1. 次の音を聞いてどう感じたか○をつけましょう。 CD 1

音	楽しい	リラックスする	元気になる	いらいらする	その他
①					
②					
③					
④					
⑤					

2. 次の質問の答えに○をつけましょう。○はいくつでもいいです。
   1) 今日はどんな気分ですか。
      元気　元気じゃない　楽しい　寂しい　いらいらしている
   2) 聞いた音楽と音の中で何番が好きですか。
      ①　　②　　③　　④　　⑤
   3) 理由は何ですか。
      リラックスした　　楽しくなった　　元気になった　　その他（　　　　）

3. どんな音楽や音を聞くとリラックスするか話してみましょう。

例：川の流れる音や波の音を聞くと、リラックスするね。

私は（　　　　　　　　）を聞くと、リラックスするよ。

CD 1　①虫の音　②町の中　③ギターの音　④静かな音楽　⑤川のせせらぎ

本文 CD 2

音楽と音の効果

　疲れた時、寂しい時、**ストレス**がたまった時に、音楽を聞いて、気持ちを**リラックス**させるという人が多い。私たちは好きな音楽を聞くと、心が落ち着いたり、寂しさを忘れたりする。また自然の中の音、例えば波の音、小鳥の鳴き声を聞いて心がいやされたりする。このように音楽・音を利用してストレス解消や体を元気にすることを「音楽療法」という。

　「音楽療法」の方法はさまざまで、音楽を聞く、歌を歌う、歌に合わせて手遊びをする、楽器を演奏するなどがある。最も簡単な方法は「聞く」こと**だろう**。

　では、どんな音楽を聞いたらいい**のだろうか**。嫌いな音楽を聞いてもリラックスできる**わけがない**。自分の好きな音楽を聞くこと**こそ**、心のいやしになるのである。したがって、**クラシック**が好きな人はクラシック**を**、演歌が好きな人は演歌**を聞く**のが効果的な方法だ。

　また、言葉で**コミュニケーション**をとるのが難しい人が、音楽療法士と一緒に歌ったり、演奏したりして、次第にコミュニケーションがとれるようになった事例がある。

　ストレスの多い現代社会に音楽・音がどのような効果をもたらすか、今後、**より**注目されていくだろう。

ことばを確かめよう

1.

たまる ［ストレスが〜］

リラックスする

　（→リラックスさせる）

落ち着く ［心が〜］

いやす （→いやされる）

合わせる ［歌に〜］

演奏する ［楽器を〜］

とる ［コミュニケーションを〜］

もたらす ［効果を〜］

注目する （→注目される）

効果

寂しさ

波

鳴き声

ストレス解消

音楽療法

手遊び

楽器

いやし

演歌

コミュニケーション

療法士

事例

現代

今後

さまざま（な）

効果的（な）

例えば

最も

次第に

したがって

2. 練習

1) 適当な形にして入れなさい。

いやされる　　合わせる　　演奏する　　もたらす　　たまる

①音楽療法がどんな効果を（　　　　　　　　　　）か、注目されている。

②毎日忙しくて、ストレスが（　　　　　　　　　）いる。

③子供たちは歌に（　　　　　　　　）、手遊びをする。

④疲れている時、波や小鳥の声に（　　　　　　　　　）。

2)

さまざまな　　したがって　　最も　　あまり　　次第に

①「音楽療法」の方法で（　　　　　　　　）簡単な方法は「聞く」ことだ。

②漢字を覚えるためには（　　　　　　　）方法がある。

③日本へ来たばかりの時は、日本語が全然分からなかったが、

　（　　　　　　　　　）簡単な話が分かるようになった。

④自分の好きな音楽を聞くことは心のいやしになる。

　（　　　　　　　　）クラシックが好きな人はクラシックを聞くのが効果的だ。

第1課 | 3

内容を確かめよう

1. 内容が正しいものに○、正しくないものに×を書きなさい。

　　1)（　　　）「音楽療法」は音楽を利用して、ストレス解消や体を
　　　　　　　元気にすることだ。

　　2)（　　　）「音楽療法」の方法は音楽を聞くことだけだ。

　　3)（　　　）「音楽療法」の音楽は何でもよい。

2. 段落の内容を右から選び、線で結びなさい。

　　　　　　　（段落は文のまとまりのことです。段落の始めは1字下げます。）

　　1) 第1段落・　　　　　　・a.「音楽療法」の方法

　　2) 第2段落・　　　　　　・b.「音楽療法」の事例

　　3) 第3段落・　　　　　　・c.「音楽療法」の意味

　　4) 第4段落・　　　　　　・d.「音楽療法」の今後

　　5) 第5段落・　　　　　　・e.「音楽療法」に効果的な音楽

3. 5行目「このように」はどういう意味ですか。正しいものに○、正しくないものに×を書きなさい。

　　1)（　　　）スポーツをして、体を元気にする。

　　2)（　　　）音楽を聞いて、心をいやす。

　　3)（　　　）自然の中の音を聞いて、心をいやす。

4. どんな音楽を聞いたらリラックスできますか。<u>正しくない</u>ものはどれですか。

　　①クラシックが好きな人はクラシックを聞く。

　　②自分の好きな音楽を聞く。

　　③嫌いな音楽でも聞く。

学習項目
がくしゅうこうもく

1. カタカナ語
ご

①**ストレス**がたまった時に、音楽を聞いて、気持ちを**リラックス**させるという人が
とき　　　おんがく　き　　　　きも　　　　　　　　　　　　　　　　　　　　ひと
多い。
おお

②いらいらした時は**カラオケ**が一番だ。
いちばん

③夏休みには**ロック・フェスティバル**に行くつもりだ。
なつやす　　　　　　　　　　　　　　　　い

☆ **Ｎって何ですか。……Ｎのことです。** (「って」＝「は」)
なん

A：意味を尋ねる。B：答える。話し言葉
い　み　たず　　　　　こた　　　はな　ことば

A: Asks the meaning of something. B: Answers. Spoken language
A：询问意思。B：回答。口语体
A: 의미를 물어봄. B: 대답함. 입말에 쓰임
A: Hỏi ý nghĩa. B: Trả lời. Ngôn ngữ nói

①Ａ：コンサートって何ですか。B：音楽会のことです。
おんがくかい

2. ～だろう　「～でしょう」の普通体。話し手の考えを婉曲に伝える・推量
ふつうたい　はな　て　かんが　えんきょく　つた　　すいりょう

Plain style of "～でしょう". Conveys the speaker's idea in a circumlocutory manner. Speculation
「～でしょう」的普通体。用于委婉地传达说话人的想法或者表示推量。
「～でしょう」의 보통체임. 화자의 생각을 완곡히 전하거나 추량을 나타냄.
Thể thông thường 「～でしょう」. Phỏng đoán hoặc truyền đạt suy nghĩ của người nói một cách vòng vo.

接続
せつぞく

$$
\begin{bmatrix} 普通形 \\ ふつうけい \\ (Na ／ N だ) \end{bmatrix} + だろう
$$

①「音楽療法」の最も簡単な方法は「聞く」ことだろう。
りょうほう　　もっと　かんたん　ほうほう　　き

②外国語を習得するための一番いい方法はその国へ行くことだろう。
がいこくご　しゅうとく　　　　　　　　　　　　くに

③今度の音楽会には有名な歌手が出るので、来場者はきっと多いだろう。
こんど　　おんがくかい　　ゆうめい　かしゅ　で　　　　らいじょうしゃ

第1課　5

3．〜のだろうか　「〜のでしょうか」の普通体。書き言葉で使われる。疑問に思うことを丁寧に問いかける。

Plain style of "〜のでしょうか". Used in written language. A polite way of presenting one's question.
「〜でしょうか」的普通体，用于书面语中。对于有疑问的事情礼貌地提出质疑。
「〜のでしょうか」의 보통체임. 글말에 쓰임. 궁금한 것을 정중히 물어봄.
Thể thông thường 「〜のでしょうか」. Dùng trong ngôn ngữ viết. Hỏi về những nghi vấn một cách lịch sự.

接続

```
┌ 普通形      ┐
│ (Na ／ N だ→な) │ ＋のだろうか
└            ┘
```

①音楽療法は、どんな音楽を聞いたらいい**のだろうか**。
②敬語の使い方は難しい。どうやったら覚えられる**のだろうか**。
③リラックスするためには、何をするのが効果的な**のだろうか**。

4．〜わけがない　〜は考えられない。〜はずがない。

Be inconceivable/should not be the case that ~.
不可能。
는 있을 수 없다. 〜을 리가 없다.
Không thể nghĩ rằng ~. Chắc chắn không~.

接続

```
┌ 普通形      ┐
│ (Na だ→な)  │ ＋わけがない
│ (N  だ→の)  │
└            ┘
```

①嫌いな音楽を聞いてもリラックスできる**わけがない**。
　　　　　　　　　　　　　　　　（＝絶対にリラックスできない）
②サッカー好きな彼がこの試合を見ない**わけがない**。（＝必ず見る）
③いつも忙しそうに仕事をしている彼女が暇な**わけがない**。（＝絶対に暇ではない）

5．「わけがない・わけではない」の整理

①こんな高いレストランで毎日食事できる**わけがない**。
　　　　　　　　　　　　　　（＝絶対に毎日食事できない）

②料理はするが、毎日する**わけではない**。（＝料理は時々作る）

6 ｜ 第1課

６．名詞修飾節の「が」→「の」

例：自分**が**好きな音楽　→　自分**の**好きな音楽

①自分**の**好きな音楽を聞くことこそ、心のいやしになるのである。

②私**の**住む町について説明しましょう。

７．Ｖﾙこと／Ｎ　こそ　　強調を表す。

Expresses emphasis.
表示强调。
강조를 나타냄.
Diễn tả sự nhấn mạnh.

①自分の好きな音楽を聞くこと**こそ**、心のいやしになるのである。

②漢字は毎日書くこと**こそ**、覚える秘訣だ。

③今度の試験**こそ**頑張りたい。

８．動詞の省略

①クラシックが好きな人はクラシックを（聞き）、演歌が好きな人は演歌を聞くのが効果的な方法だ。

②お酒が飲める人はお酒を（注文し）、飲めない人はジュースを注文した。

③学校にはいつもは歩いて（通い）、雨の日はバスで学校に通っている。

９．より〜　　以前よりもっと

More than before
比以前更加
이전보다 더
Nhiều hơn trước

①音楽・音がどのような効果をもたらすか、今後、**より**注目されていくだろう。

②日本語の勉強は中級に入ると、**より**難しくなる。

③リサイクル運動を**より**多くの人に知ってもらいたい。

学習項目の練習

1．カタカナ語

1）基本練習1

知っているカタカナに○をつけなさい。

> ストレス　ボランティア　テーマ
> アクセス　ドキュメント　ユーザー　マニュアル　コンテンツ
> スタッフ　リーダーシップ　ホームページ　リラックス　クラシック
> ロック　ジャズ　コピー　ペットボトル　メディア
> アドバイス　カルチャーショック

2）基本練習2　☆Nって何ですか。……Nのことです。

~~コンサート~~　ミーティング　コスト　サイト　リサイクル

（　　）にカタカナ語を入れ、会話を完成しなさい。

例：（コンサート）って何ですか。　→　音楽会のことですよ。

① （　　　　　）って何ですか。　→　会議のことですよ。

② （　　　　　）って何ですか。　→　資源の再利用のことですよ。

③ （　　　　　）って何ですか。　→　それにかかるお金のことですよ。

2. ～だろう

1）応用練習

グラフを見て、それぞれの今後を予想しなさい。

①音楽配信の売り上げ

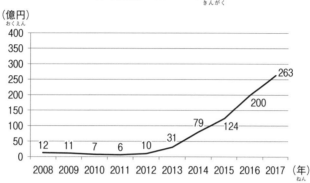

音楽配信の売り上げは＿＿＿＿＿＿＿＿＿＿＿＿＿＿＿＿＿＿＿＿＿＿＿ている。

今後［　は／も　］＿＿＿＿＿＿＿＿＿＿＿＿＿＿＿＿＿＿＿＿＿＿＿だろう。

理由は＿＿＿＿＿＿＿＿＿＿＿＿＿＿＿＿＿＿＿＿＿＿＿＿＿＿＿＿＿からだ。

②若い人のテレビ離れ

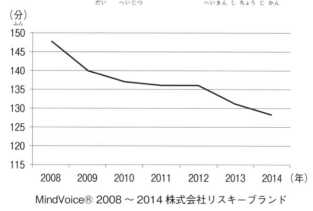

若い人がテレビを見る時間は＿＿＿＿＿＿＿＿＿＿＿＿＿＿＿＿＿＿＿ている。

今後［　は／も　］＿＿＿＿＿＿＿＿＿＿＿＿＿＿＿＿＿＿＿＿＿＿＿だろう。

理由は＿＿＿＿＿＿＿＿＿＿＿＿＿＿＿＿＿＿＿＿＿＿＿＿＿＿＿＿＿からだ。

3．〜のだろうか

1）基本練習

例：<u>どうして</u>日本人はよく「どうも」と言うんですか。
　　→<u>なぜ</u>日本人はよく「どうも」と言う<u>のだろうか</u>。

①どうして日本人は歩くのが速いんですか。
　→

②どうして日本にはどこにでも自動販売機があるんですか。
　→

③どうして日本人は電車に乗る時、きちんと並んで待つんですか。
　→

④どうして日本人は「うどん」や「そば」を音を立てて食べるんですか。
　→

2）読もう

> 日本人はなぜ何にでも「〜道」という言葉をつける<u>のだろうか</u>。伝統的な「書道、茶道、華道、柔道、剣道」だけでなく「サッカー道」や「ラーメン道」もある。何についても追究することが大切だという精神があるからだろう。

①新しい「〜道」にはどんなものがありますか。

3）聞こう　CD 4

①CDを聞いて、（　　）に言葉を書きなさい。

> 「飲んだら乗るな。飲むなら乗るな」「飛びだすな、車は急に（a.　　　　　）」
> 　（7拍）　　　　　　（7拍）　　　　（5拍）　　（7拍）　　　　（5拍）
> のような5拍や7拍の（b.　　　　　）の標語がなぜ日本には多い<u>のだろうか</u>。
> 5拍とか7拍とかのリズムは（c.　　　　　）、覚えやすいからだろう。

②標語を覚えやすくするために何を使っていますか。

③あなたも標語を作ってみましょう。

4．〜わけがない
1）基本練習

- 例：こんな変な歌・売れる
- ①歌が下手な彼・歌手になれる
- ②こんなに簡単な歌・歌えない
- ③カラオケに毎日通っている彼・歌が嫌いだ
- ④リズム感がない彼・歌がうまい

例：こんな変な歌が売れるわけがない。
①＿＿＿＿＿＿＿＿＿＿＿＿＿＿＿＿＿＿＿＿＿＿＿＿＿＿＿＿＿＿＿＿＿
②＿＿＿＿＿＿＿＿＿＿＿＿＿＿＿＿＿＿＿＿＿＿＿＿＿＿＿＿＿＿＿＿＿
③＿＿＿＿＿＿＿＿＿＿＿＿＿＿＿＿＿＿＿＿＿＿＿＿＿＿＿＿＿＿＿＿＿
④＿＿＿＿＿＿＿＿＿＿＿＿＿＿＿＿＿＿＿＿＿＿＿＿＿＿＿＿＿＿＿＿＿

2）応用練習
①彼は日本に３年以上いるのだから、＿＿＿＿＿＿＿＿＿＿＿＿＿＿＿わけがない。
②あんな高い家賃の部屋は＿＿＿＿＿＿＿＿＿＿＿＿＿＿＿＿＿＿＿＿わけがない。
③いつも元気な彼が＿＿＿＿＿＿＿＿＿＿＿＿＿＿＿＿＿＿＿＿＿＿＿わけがない。

5．「わけがない・わけではない」の整理
1）基本練習
①いつも音楽を聞いている彼が音楽が嫌いな（　わけがない　わけではない　）。
②誠実な山田さんがそんなひどいうそを言う（　わけがない　わけではない　）。
③料理はしない（　わけがない　わけではない　）が、忙しくて毎日はできない。
④あんなに難しい問題を子供が分かる（　わけがない　わけではない　）。
⑤刺身は食べられない（　わけがない　わけではない　）が、進んで食べたくはない。

6. 名詞修飾節の「が」→「の」

1) 基本練習

「が」を「の」に変えることができる文が2つあります。選んで、書き直しなさい。

例：自分が好きな音楽を聞く。→自分の好きな音楽を聞く。

①私が行きたいところは富士山です。

②友達が来たら、一緒に遊びに行きたいです。

③来週友達が住んでいる町に遊びに行くつもりだ。

④時間があれば、いつもピアノを弾いている。

_____

_____

2) 聞こう CD 5

①CDを聞いて、（　　）に言葉を書きなさい。

> ワインやお酒の工場で音楽を流したら、非常にいいものができたそうだ。また、（a.　　　　　）栽培の野菜に（b.　　　　　）音楽を「聞かせる」と、成長が早いという報告もある。音楽の持つ効果は「人」だけではないようだ。

②ワインやお酒の工場で音楽を流したら、どんな効果が出ましたか。

③ハウス栽培の野菜に「聞かせる」音楽は何ですか。

12 ｜ 第1課

7. Vₗ こと／N こそ

1）基本練習

① この本こそ　　　　　　　・　　　　・a. 合格したい。

② 音楽を聞くことこそ　　　・　　　　・b. ずっと読みたいと思っていた本だ。

③ 努力を続けることこそ・　　　　　　・c. 成功の秘訣だ。

④ 今度こそ　　　　　　　・　　　　　・d. 私のストレス解消法だ。

2）書こう

テーマ：私のストレス解消法

恋人・友人と話すこと		カラオケ		家族と話すこと
買い物	映画	睡眠	ゲーム	スポーツ

例：カラオケこそが私のストレスの解消法だと思う。疲れた時、好きな歌を大きな声

で歌うと、嫌なことをすっかり忘れることができる。…

_____

_____

_____

8. 動詞の省略

1）基本練習

動詞が省略できる文が2つあります。選んで、書き直しなさい。

例：食事の時、子供は水を飲み、大人はお茶を飲む。

　　→食事の時、子供は水を、大人はお茶を飲む。

① スーパーでは肉を買い、八百屋では新鮮な野菜を買っている。

② パーティーでタイビールを飲み、インド料理をたくさん食べた。

③ 天気がいい日には山に登り、絵を描いている。

④ この国は気温の差が大きい。暑い日中は半袖を着て、朝晩はコートを着ている。

_____

_____

2）読もう

自然の音にはいやしの効果がある。例えば、駅構内では小鳥のさえずりを、病院の待合室では川のせせらぎの音を流して、その効果を利用している。

①どんな音にいやしの効果がありますか。

②病院の待合室で利用されている音は何ですか。

9．より〜

1）基本練習1

例：今後「音楽セラピー」・注目を浴びるようになるだろう

→今後「音楽セラピー」がより注目を浴びるようになるだろう。

①これからストレスを感じる人・増えていくだろう

→

②今後コーラスを楽しむ人・多くなっていくと思っている

→

③今後、治療に音楽・多く利用されていくだろう

→

2）基本練習2

例と同じ使い方の「より」に○を書きなさい。

例：「音楽セラピー」がより注目を浴びている。

①私はクラシックより演歌が好きだ。（　　　）

②現代では、医者はより高度な技術が求められている。（　　　）

③ストレスが多い現代、人間関係がより重要視されるだろう。（　　　）

④今年は昨年より桜の花が早く咲くそうだ。（　　　）

チェックシート

/10

1. 毎日、仕事が多くて、$\begin{bmatrix}\text{ストレス}\\\text{リラックス}\end{bmatrix}$がたまっている。

2. 音楽・音の$\begin{bmatrix}\text{事例}\\\text{効果}\end{bmatrix}$を利用して、体を元気にする。

3. 最近、コミュニケーションを$\begin{bmatrix}\text{言う}\\\text{とる}\end{bmatrix}$のが、苦手な人が多い。

4. 初めは大変だったが、ラッシュの電車にも$\begin{bmatrix}\text{次第に}\\\text{今後}\end{bmatrix}$慣れてきた。

5. 小鳥の鳴き声を聞くと、心$\begin{bmatrix}\text{に}\\\text{が}\end{bmatrix}$いやされる。

6. 明日、友達$\begin{bmatrix}\text{の}\\\text{に}\end{bmatrix}$住む町へ行く予定だ。

7. まじめな彼がそんなうそを言う$\begin{bmatrix}\text{わけではない。}\\\text{わけがない。}\end{bmatrix}$

8. 私はカラオケ$\begin{bmatrix}\text{こそ}\\\text{しか}\end{bmatrix}$ストレスの解消になると思う。

9. 今後、$\begin{bmatrix}\text{さまざま}\\\text{より}\end{bmatrix}$多くの外国人が日本を訪れるだろう。

10. なぜ日本人は電車を待つ時、並ぶ$\begin{bmatrix}\text{のだろうか。}\\\text{だろう。}\end{bmatrix}$

第1課 | 15

聴解タスクシート　CD 2

1. CDを聞いて、（　　）に言葉を書きなさい。

1　　疲れた時、寂しい時、（　　　　　　　）がたまった時に、音楽を聞いて、気持
ちを（　　　　　　　　）させるという人が多い。私たちは好きな音楽を聞く
と、心が落ち着いたり、寂しさを忘れたりする。また自然の中の音、例えば
（　　　　　）、小鳥の（　　　　　　　）を聞いて心がいやされたりする。こ
5　のように音楽・音を利用して（　　　　　　　）解消や体を元気にすること
を「音楽（　　　　　）」という。
　　「音楽療法」の方法はさまざまで、音楽を（　　　　　　）、歌を歌う、歌に
合わせて（　　　　　　　）をする、楽器を（　　　　　）などがある。最も
簡単な方法は「聞く」ことだろう。
10　　では、どんな音楽を聞いたらいいのだろうか。嫌いな音楽を聞いてもリラッ
クスできるわけがない。自分の好きな音楽を聞くことこそ、心の（　　　　）
になるのである。したがって、クラシックが好きな人はクラシックを、演歌が
好きな人は演歌を聞くのが効果的な方法だ。
　　また、言葉で（　　　　　　　　）をとるのが難しい人が、音楽療法
15　士と一緒に歌ったり、演奏したりして、次第にコミュニケーションがとれるよ
うになった事例がある。
　　ストレスの多い現代社会に音楽・音がどのような効果をもたらすか、今後、
より（　　　　　）されていくだろう。

2. 質問を聞いて、答えを書きなさい。　CD 3

1) _____

2) _____

作文　テーマ：私の好きな歌（音楽・音）

1. 文章を読んで、質問に答えなさい。

私の一番好きな歌は子守歌だ。

なぜ好きになったかはよく分からないが、小さい時、母がよく歌ってくれたからだろう。しかし、小さい時はその歌の意味が分からなかった。今聞いてみると「おやすみ、かわいい私の赤ちゃん……」の意味が分かる。その歌を聞くと、母の温かい笑顔を思い出す。

今、日本で一人暮らしをしている。それで、つらい時や寂しい時、いつもこの子守歌を口ずさみ、自分を励ましている。

1) この人の好きな歌は何ですか。
2) 好きになった理由・きっかけは何ですか。
3) 今、どんな時に歌いますか。

2. 書きなさい。

（好きな歌／音楽）

_____

_____

_____

（好きになった理由／きっかけ）

_____

_____

（今どんな時に歌うか／聞くか）

_____

＊話す時は丁寧体で。

3. 自分の作文を読みなさい。友達の作文を聞き、質問しなさい。

第1課 ｜ 17

プラスアルファ　　形容詞の名詞化
けいようし　めいしか

1. 次の形容詞・名詞をＡ：プラスのイメージ　Ｂ：マイナスのイメージ
つぎ　　　　　めい し
に分けなさい。
わ

> 楽しさ　　悲しい　　喜び　　希望　　活発
> たの　　　かな　　　よろこ　き ぼう　かっぱつ
> 悩み　　寂しさ　　うれしい　　つらい
> なや　　さび

Ａ：プラスのイメージ　　　　　　Ｂ：マイナスのイメージ

2.

1) （　　　）に適当な形を書きなさい。
てきとう　かたち　か

	〜さ（程度） てい ど		〜さ（程度）
悲しい	悲しさ	甘い あま	（③　　　　）
楽しい	楽しさ	うれしい	うれしさ
強い つよ	（①　　　　）	寂しい	（④　　　　）
弱い よわ	弱さ	（⑤　　　　）	つらさ
高い たか	（②　　　　）	便利 べん り	便利さ

＊〜み（感覚・感情）　楽しみ、うまみ
かんかく　かんじょう

2) 適当な方に〇をつけなさい。
ほう

①この店の塩ラーメンは（　うまい　　うまさ　）！
みせ　しお

②外国での一人暮らしの（　寂しい　　寂しさ　）は大変なものだ。
がいこく　ひとり ぐ　　　　　　　　　　　　　たいへん

③日本のどこにでも自動販売機がある（　便利な　　便利さ　）に慣れてしまった。
に ほん　　　　　　じ どうはんばい き　　　　　　　　　　　　　　　　な

④私の（　楽しい　　楽しみ　）は友達とおしゃべりすることだ。
わたし　　　　　　　　　　　　　　ともだち

18 | 第1課

いい数字・悪い数字

1. 次の数字を奇数と偶数に分けましょう。

   1, 2, 3, 4, 5, 6, 7, 8, 9, 10, 131, 444

   奇数（ 1   ）
   偶数（ 2   ）

2. 好きな数字がありますか。それは何ですか。

3. あなたの国で「いい数字」と考えられているのは何ですか。
   反対に「悪い数字」と考えられている数字がありますか。

本文 CD 6

いい数字・悪い数字

あなたの国ではどんな数字が「いい数字」で、反対にどんな数字が「悪い数字」だと考えられていますか。下の表を見てください。

	いい数字	悪い数字
ベトナム	偶数（2・4・6・8）・9	奇数（1・3・5・7）
日本	8	4・9
中国語圏	6・8・9	4

　ベトナムでは、「4」**という**数字はいい数字の1つだと考えられています。偶数は仲間がいるという理由でいい数字なのです。しかし、日本や中国語圏では「4」は「死」と音が同じだという理由で嫌われています。国によって、縁起のいい数字・悪い数字は異なっているのです。

　しかし、中国語圏**ほど**「いい数字」にこだわるところ**はない**ようです。車につけるナンバーを例にとって紹介しましょう。香港では、発音するといい意味になる「18（必ず金持ちになる）」は非常に人気があります。そのため、このナンバーはオークションで数千万円以上というびっくりする**ほど**の値段がついたことがあります。日本では抽選に当たれば、人気がある番号（1や8888など）を手数料だけで手に入れることができますから、日本人**からすると**、考えられないことです。香港では**どんな**車を持っている**かより**、どんな番号のプレートをつけているかを重要視する人がいるようです。

ことばを確かめよう

1.

嫌う（→嫌われる）　　偶数　　　　　　数〜［〜千万］
異なる　　　　　　　　奇数　　　　　　手数料
こだわる［数字に〜］　仲間　　　　　　抽選
とる［例に〜］　　　　中国語圏　　　　プレート
つく［値段が〜］　　　死
当たる［抽選に〜］　　ナンバー　　　　縁起のいい
入れる［手に〜］　　　香港
重要視する　　　　　　金持ち　　　　　そのため
　　　　　　　　　　　オークション

2. 練習

1）適当な形にして入れなさい。

こだわる　　入れる　　とる　　つく　　嫌う

①このナンバーは先週のオークションでとても高い値段が（　　　　　　　　　）。

②行きたかったコンサートのチケットを手に（　　　　　　　　　）ことができた。

③車のナンバーに（　　　　　　　　　）人がいる。

④この問題については、A市を例に（　　　　　　　　　）、ご説明します。

2）

抽選　　縁起　　手数料　　仲間　　偶数

①「2・4・6・8・10……」は（　　　　　　　　　）だ。

②国によって（　　　　　　　　　）のいい数字・悪い数字は違う。

③休日にATMを利用する時、（　　　　　　　　　）が必要だ。

④人気のある歌手のコンサートは（　　　　　　　　　）に当たらなければ、チケットが買えない。

第2課 ｜ 21

内容を確かめよう

1. 内容が正しいものに○、正しくないものに×を書きなさい。
   1) （　　）いい数字・悪い数字は国によってさまざまだ。
   2) （　　）数字「４」は世界中で嫌われている。
   3) （　　）いい数字にこだわるのは中国語圏だけだ。
   4) （　　）「１８」は日本でも人気がある。

2. 段落の内容を右から選び、線で結びなさい。
   1) 第１段落・　　　　　・a. ベトナム・日本・中国語圏のいい数字、悪い数字。
   2) 第２段落・　　　　　・b. 国によっていい数字・悪い数字が異なっていること。
   3) 第３段落・　　　　　・c. 中国語圏（香港）では数字に強くこだわる人がいること。

3. ベトナムと中国語圏ではいい数字だが、日本ではよくない数字は何ですか。
   ① 4
   ② 8
   ③ 9

4. 香港で「１８」という車のナンバーに高い値段がつく理由は何ですか。
   内容が<u>正しくない</u>ものはどれですか。
   ①偶数だから
   ②人気があるから
   ③発音するといい意味になるから

5. いい数字に最もこだわるのはどこですか。
   ①ベトナム
   ②日本
   ③中国語圏

学習項目
がくしゅうこうもく

1. ～というN   Nの内容・具体例・定義を表す。
ないよう　ぐたいれい　ていぎ　あらわ

Indicates what N is, provides an example, and defines it.

用来解释N（名词）的具体内容，列举具体事例或者给N（名词）下定义。

N의 내용이나 구체적인 예, 정의를 나타냄.

Thể hiện nội dung, ví dụ cụ thể, định nghĩa của N.

接続
せつぞく

$$\begin{bmatrix} 普通形 \\ ふつうけい \\ N_1 \end{bmatrix} という \begin{bmatrix} N \\ N_2 \end{bmatrix}$$

① ベトナムでは、「4」という 数字 はいい数字の1つだと考えられている。
すうじ　　　　　　　　　　かんが

② この計画には賛成できないという 意見 が多い。
けいかく　さんせい　　　　　　　いけん　おお

③ 昨日、今年の冬は暖冬だという 予想 が発表された。
きのう　ことし　ふゆ　だんとう　　　よそう　はっぴょう

☆～っていうN   「～というN」は話し言葉の中では「～って（いう）N」になることが多い。
はな　ことば　なか　　　　　　　　　　　　　　　おお

In spoken language, "～というN" often becomes "～って（いう）N".

「～というN」口语中经常变成「～って（いう）N」的形式。

「～というN」는 입말에서는 「～って（いう）N」라는 형태가 되는 일이 많음.

Trong ngôn ngữ nói, 「～というN」 thường được nói thành 「～って（いう）N」.

① A：山田さんっていう 人 知っている？
やまだ　　　　　ひと　し

B：ううん、誰？
だれ

2. Vルこと／N ほど～は　ない・いない   最上級を表す。
さいじょうきゅう　あらわ

Indicates the superlative.

表示最高级。

최상급을 나타냄.

Diễn tả cấp độ cao nhất.

① 中国語圏ほど「いい数字」にこだわるところはない。
ちゅうごくごけん

② 本を読むことほど楽しいことはない。
ほん　よ　　　　　たの

③ 佐藤さんほどまじめに勉強する人はいない。
さとう　　　　　　　べんきょう

第2課 | 23

3. Vル／Vナィない　ほど　動作・状態の程度を比喩や具体的な例を使って表す。

Shows the degree of an action or condition through metaphors and examples.

通过比喻或者列举具体事例来表示动作或状态的程度。

동작이나 상태의 정도를 비유나 구체적인 예를 들어서 나타냄.

Dùng các vị dụ cụ thể và so sánh để thể hiện mức độ của động tác, trạng thái.

① 数千万円以上というびっくりする**ほど**の値段がついた。

② 友達の引っ越しを手伝って、死ぬ**ほど**疲れた。

③ 大きな地震で立っていられない**ほど**揺れた。

☆ Vル／Vナィない　ぐらい・くらい

話す時によく使われる。「ほど」と同じ意味だが、「ぐらい」は極端な比喩には使えない。

Often used when speaking. "ぐらい" is similar in meaning to "ほど" but cannot be used for extreme metaphors.

常用于口语中。「ぐらい」和「ほど」意思相同，但是前面不能接极端的比喩。

입말에 자주 쓰임. 「ほど」와 같은 뜻인데,「ぐらい」는 극단적인 비유에는 사용할 수 없음.

Thường dùng trong ngôn ngữ nói. 「ぐらい」 cùng nghĩa với 「ほど」 nhưng không thể dùng với những so sánh mang tính tiêu cực.

例）× 「死ぬぐらい疲れた」

① 数千万円以上というびっくりする**ぐらい**の値段がついた。

② 昨日一日中歩いたので、今朝は足が痛くて、立てない**ぐらい**だ。

4. Nからすると　Nから判断すると・Nの立場から考えると

Judging from N/thinking about something from the standpoint of N.

根据 N 判断，从 N 这一角度考虑的话。

N으로 판단하면・N의 입장에 서서 생각하면.

Phán đoán từ N thì/Suy nghĩ từ lập trường của N thì.

① 日本人**からすると**、考えられないことだ。

② あの服装**からすると**、彼は会社員ではないようだ。

5. 〔疑問語疑問文〕より、～

① **どんな**車を持っている**かより**、どんな番号のプレートをつけているかを重要視する。

② 仕事は給料が**いくらかより**、内容が大切だ。

6. 「数字」について読む・聞く

24 ｜ 第2課

学習項目の練習
（がくしゅうこうもく　れんしゅう）

1．〜というN

1）基本練習
（きほんれんしゅう）

数字	漢字	うわさ	日	仕事	人気
すうじ	かんじ		ひ	しごと	にんき

例：「4」・（　数字　）
（れい）

　　→ベトナムでは「4」という（数字）はいい数字の1つだと考えられています。
（かんが）

①映画監督・（　　　　　　）→私は映画監督という＿＿＿＿＿＿＿に憧れている。
（えいがかんとく）　　　　　　（わたし）　　　　　　　　　　　　　　　（あこが）

②「心」・（　　　　　）→私は「＿＿＿＿＿」という＿＿＿＿＿が好きだ。
（こころ）　　　　　　　　　　　　　　　　　　　　　　　　（す）

③今日・（　　　　　）→＿＿＿＿＿＿＿＿＿＿は二度と戻らない。
（きょう）　　　　　　　　　　　　　　　　　　（にど もど）

④佐藤さんが会社を辞める・（　　　　　）
（さとう）　　（かいしゃ や）

　　→＿＿＿＿＿＿＿＿＿＿＿＿＿＿＿＿＿＿＿を聞いた。
　　　　　　　　　　　　　　　　　　　　　　　（き）

2）読もう・書こう
（よ）（か）

> 「石の上にも三年」ということわざがある。これは「成功するためには、3年
> （いし うえ さんねん）　　　　　　　　　　（せいこう）
> ぐらい辛抱が必要だ」という意味だ。しかし、最近の新聞やテレビによると、
> （しんぼう ひつよう）　　　　　　（いみ）　　　　　（さいきん しんぶん）
> 入社3年未満で会社を辞め、転職や起業する人が増えているそうだ。
> （にゅうしゃ みまん）　　　　　（てんしょく きぎょう ひと ふ）

①意見を書きなさい。
（いけん）

　　入社3年未満で会社を辞める人が増えているそうだ。私は＿＿＿＿＿＿＿＿＿＿

＿＿＿＿＿＿＿＿＿＿＿＿＿と思う。理由は＿＿＿＿＿＿＿＿＿＿＿＿＿＿＿＿
　　　　　　　　　　　（おも）　　（りゆう）

＿＿＿＿＿＿＿＿＿＿＿＿＿＿＿＿＿＿＿＿＿＿＿＿＿＿＿＿からだ。

3）応用練習　☆〜っていうN
（おうようれんしゅう）

例：A：最近何か面白い本、読んだ？
　　　（なに おもしろ ほん よ）

　　B：うん、「かばの秘密」っていう本を読んだ。
　　　　　　　　（ひみつ）

①A：＿＿＿＿＿＿＿＿＿＿っていう料理を食べたことがありますか。
　　　　　　　　　　　　　　　　（りょうり た）

　B：いいえ、どんな味なんですか。
　　　　　　　（あじ）

②A：＿＿＿＿＿＿＿＿＿＿＿＿＿＿話を聞いたんですが、本当ですか。
　　　　　　　　　　　　　　　（はなし き）　　　（ほんとう）

　B：さあ、私はよく知りませんが。
　　　　　　　　（し）

第2課 │ 25

２．Ｖₐこと／Ｎ　ほど〜は　ない・いない

１）基本練習１

例：すしが一番おいしいものだ→すしほどおいしいものはない。

①犬が一番人に忠実な動物だ

　　→

②「８」が一番縁起がいい数字だ

　　→

③友達とゲームをすることが一番楽しいことだ

　　→

④気候の変化について説明する時、数字で表すことが一番分かりやすい説明だ

　　→

２）基本練習２

２つの文の内容が同じものは○、違うものは×を書きなさい。

①　（　　）$\left\{ \begin{array}{l} 今日ほどうれしい日はない。 \\ 今日が今までで一番うれしい日だ。 \end{array} \right.$

②　（　　）$\left\{ \begin{array}{l} この試合ほど重要な試合はない。 \\ この試合は今までのどの試合よりも重要だ。 \end{array} \right.$

③　（　　）$\left\{ \begin{array}{l} 「８」ほど縁起がいい数字はない。 \\ 「８」は「１」ほど縁起がよくない。 \end{array} \right.$

３）応用練習

①例：一人暮らしをしていて病気になること ⎫
　　　　　　　　　　　　　　　　　　　　　　 ⎬ ほど心細いことはない。
　　_____ ⎭

②_____ほどうれしいことはない。

③_____ほど嫌なことはない。

26　｜　第２課

3. Vル／Vナィない ほど

1) 基本練習

例：昨日の食事会では（動けなくなるほど）たくさん食べた。
① 大都市の家の価格は（　　　　　　　　　　　　ほど）高価だ。
② この料理は（涙が　　　　　　　　　　　　　）辛い。
③ 家の前の道路工事は（　　　　　　　　　　　　）うるさい。

2) 応用練習1

① 例：頭が痛くて　　　　　　　　　　　｝我慢できないほどだ。
　　＿＿＿＿＿＿＿＿＿＿＿＿＿＿＿＿＿

② あの人は信じられないほど＿＿＿＿＿＿＿＿＿＿＿＿＿＿＿＿＿＿＿＿＿

3) 応用練習2　☆Vル／Vナィない　ぐらい・くらい

① A：どうしたんですか。
　 B：今週中に出さなければならないレポートが3つもあって、
　　＿＿＿＿＿＿＿＿＿＿＿＿＿＿＿＿＿＿＿＿＿＿＿＿＿ぐらいなんです。

② A：どうしたんですか。
　 B：＿＿＿＿＿＿＿＿＿＿＿＿＿＿＿＿＿＿＿＿＿＿＿＿＿＿て／で、
　　＿＿＿＿＿＿＿＿＿＿＿＿＿＿＿＿＿＿＿＿＿＿＿＿＿ぐらいなんです。

第2課 | 27

4．Nからすると

1）基本練習

①あの眼鏡からすると、（　　　）

②あの服装からすると、（　　　）

③あの髪からすると、（　　　）

④あの様子からすると、（　　　）

> a. 彼は髪を洗うのが大嫌いなようだ。
> b. 彼はかなり目が悪いのだろう。
> c. 彼はファッションには関心がないのだろう。
> d. 彼は虫の観察が大好きなようだ。

2）読もう

> 日本人は占いが好きな人が多い。血液型占いの本を読み、「血液型からすると、あの人の性格は……」とか「相性のいい血液型は……」とか言ったりする。また、生年月日で占う星座占いなどで、進路・結婚・仕事を決める判断材料にする人もいる。子供が生まれる時に、名前の画数で占う姓名判断で子供の名前を決める人もいる。

①どんな占いがありますか。

②星座占いは何で占いますか。

5.〔疑問語疑問文〕より、〜

1）基本練習

例：車・（どんな車に乗っているか・ナンバープレートの番号がどんな数字か）・が注目されている

→車はどんな車に乗っているかより、ナンバープレートの番号がどんな数字かが注目されている。

①旅行・（いつするか・どこへ行くか）・を先に決めたい

→旅行は＿＿＿＿＿＿＿＿＿＿＿＿＿＿より、＿＿＿＿＿＿＿＿＿＿＿＿＿＿を先に決めたい。

②勉強・（何時間するか・どのぐらい集中するか）・が大切だ

→勉強は＿＿＿＿＿＿＿＿＿＿＿＿＿＿＿＿＿＿＿＿＿＿＿＿＿＿が大切だ。

③お金・（いくら持っているか・何に使うか）・を考えたほうがいい

→お金は＿＿＿＿＿＿＿＿＿＿＿＿＿＿＿＿＿＿＿＿＿＿＿＿を考えたほうがいい。

④仕事・（何年経験があるか・どう取り組んできたか）・が大切だ

→仕事は＿＿＿＿＿＿＿＿＿＿＿＿＿＿＿＿＿＿＿＿＿＿＿＿＿＿が大切だ。

2）書こう

テーマ：**大切なこと**

例：学生の頃、就職先について考えていたのは、有名かどうかとか、給料がどのぐらいかということだった。でも今はいくらお金をもらうかより、自分の力が生かせるかどうかが大切だと思っている。

＿＿＿＿＿＿＿＿＿＿頃、＿＿＿＿＿＿＿＿＿＿＿＿について考えていたのは、
＿＿＿＿＿＿＿＿＿＿＿とか＿＿＿＿＿＿＿＿＿＿＿＿＿＿＿＿と
いうことだった。でも今は＿＿＿＿＿＿＿＿＿＿＿＿＿＿＿＿＿＿＿＿より、
＿＿＿＿＿＿＿＿＿＿＿＿＿＿＿＿＿＿＿＿が大切だと思っている。

第2課 | 29

6.「数字」について読む・聞く

1) 読もう

　日本の病院には4号室という病室がないところが多い。4番目の病室は、「4号室」ではなくて、「5号室」になっている。4は「死」と同じ音を持つので、避けられているのだ。病院によっては、「4階」に病室を作らないところもあるそうだ。

①病院に「4号室」がないのはなぜですか。
②「4号室」以外に「4」に関連して避けられていることは何ですか。

2) 聞こう　CD 8

①CDを聞いて、（　）に言葉を書きなさい。

　結婚の贈り物をする場合、その数にタブーがあります。お祝い事では「2」「4」「6」など2で（a.　　　）数字の他、「(b.　　）」は「苦」に通じるので、縁起がよくないと考えられています。ただし、「(c.　　）」は1ペア、「6」は半ダースで、いずれも1組と勘定されるため、問題がないと考えられています。

②割り切れる数字は何ですか。
③「9」は縁起がよくないと考えられていますが、理由は何ですか。

チェックシート

/10

1. 私は車にどんな番号の $\begin{bmatrix} プレート \\ オークション \end{bmatrix}$ をつけるかは重要視していない。

2. 国によって、$\begin{bmatrix} 縁起 \\ 様子 \end{bmatrix}$ のいい数字はいろいろだ。

3. この店の特別セールでは、抽選に $\begin{bmatrix} 勝てば \\ 当たれば \end{bmatrix}$、人気がある商品を

   半額で手に $\begin{bmatrix} 入る \\ 入れる \end{bmatrix}$ ことができます。

4. 私は旅行に行く時、どこへ行くか $\begin{bmatrix} ほう \\ より \end{bmatrix}$、誰と行くか $\begin{bmatrix} に \\ と \end{bmatrix}$ こだわる。

5. この場所 $\begin{bmatrix} の \\ ほど \end{bmatrix}$ 思い出が多い所 $\begin{bmatrix} はない。 \\ ではない。 \end{bmatrix}$

6. 先週の台風の風は大きな木が $\begin{bmatrix} 倒れる \\ 倒れない \end{bmatrix}$ ほど強かった。

7. あの言い方 $\begin{bmatrix} に \\ から \end{bmatrix}$ すると、彼はこの計画に賛成ではないようだ。

第2課 | 31

聴解タスクシート　CD 6

1. CD を聞いて（　　）に言葉を書きなさい。

1　　あなたの国ではどんな（　　　　　）が「いい数字」で、反対にどんな数字が「悪い数字」だと考えられていますか。下の表を見てください。

	いい数字	悪い数字
ベトナム	偶数（2・4・6・8）・9	奇数（1・3・5・7）
日本	8	4・9
中国語圏	6・8・9	4

　　ベトナムでは、「4」という数字はいい数字の1つだと考えられています。（　　　　）は仲間がいるという理由でいい数字なのです。しかし日本や中国語圏では「（　　　）」は「死」と音が同じだという理由で嫌われています。国によって、（　　　　　）のいい数字・悪い数字は異なっているのです。

10　　しかし、中国語圏ほど「いい数字」に（　　　　　　）ところはないようです。車につけるナンバーを例に（　　　　　　）紹介しましょう。香港では、発音するといい意味になる「18（必ず金持ちになる）」は非常に人気があります。（　　　　　）、このナンバーはオークションで数千万円以上というびっくりするほどの値段が（　　　　）ことがあります。日本では抽選に当た15れば、人気がある番号（（　　　）や8888など）を手数料だけで手に（　　　　　）ことができますから、日本人からすると考えられないことです。香港ではどんな車を持っているかより、どんな（　　　）のプレートをつけているかを（　　　　　）人がいるようです。

2 質問を聞いて、答えを書きなさい。　CD 7

1) _____

2) _____

作文　テーマ：好きな数字・特別な数字

1. 書きなさい。

例：

> 私の好きな数字は8だ。
> 理由は誕生日が8月8日だからだ。
> 他の理由もある。漢字の「八」は日本で一番有名な富士山の形に似ていると思う。また日本人に「漢字の八は形がいい。それに将来幸運が待っているという意味がある。」と聞いた。
> それで、私はこの数字がとても気に入っている。

(好きな数字・特別な数字)
_____
_____

(好きな理由・特別な理由)
_____
_____

(あなたの国では（他の人には）その数字はどう思われているか)
_____
_____

(結論・まとめ)
_____
_____

＊話す時は丁寧体で。

2. 自分の作文を読みなさい。友達の作文を聞き、質問しなさい。

プラスアルファ　　数字のある熟語

1.（　　）に数字を入れなさい。

例：昨日は（ 一 ）日中雨が降っていた。

1）今回の旅行は日帰りではなく、（　　）泊2日だ。

2）春夏秋冬を（　　）季と言う。

3）万（　　）、大きい地震が起きた場合、すぐ机やテーブルの下に入ってくださ
い。

4）A：この荷物、どのくらいで着きますか。

　　B：3、（　　）日で着くはずですよ。

2. 熟語と意味を線で結びなさい。

A　一○一○

1）一期一会　　　・　　　　・a. いい点も悪い点もある

2）一長一短　　　・　　　　・b. 一生に1回しかないこと

3）一朝一夕　　　・　　　　・c. 短い間

B　その他の数字

1）一石二鳥　　　・　　　　・a. 1つのことで、2つのいいことが手に入ること

2）二人三脚　　　・　　　　・b. 好みや考え方などが1人1人違うこと

3）十人十色　　　・　　　　・c. 2人が協力して1つのことを一緒に行うこと

3. あなたの国の「数字を使っている熟語とその意味」を書きなさい。

熟語：_____

意味：_____

　　　_____

34 ｜ 第2課

「面白い」日本

1. 見たことがある人に〇をつけましょう。

2. その人を見て、どう感じたか、友達と話しましょう。

本文

「面白い」日本

日本に来て以来、「面白い」という言葉を何回も聞いている。「マリア・エレナさん、あなたは面白いね」ともよく言われた。これは褒められているのだろうか、それともからかわれているのだろうか。分かってきたのは、「面白い」は好意的な言葉であって、否定的なものではないということだ。日本は面白い。日本人も面白い。日本に住んでいることも面白い。

言うまでもなく、まじめな日本。通勤電車はその雰囲気に満ちている。しかし、夜遅い時間の電車は酒臭い、飲んべえ日本。

物価が高いと言われているが、いろんな物がただで配られている、安い日本。

「滑りやすいので注意してください」「忘れ物をしないでください」「閉まる扉にご注意ください」。親切な日本。しかし、繰り返しが多すぎて、うるさい日本。

仕事中はとても親切な日本人。だが、職場を出ると人が変わる。電車で人を押しのけて座席に座る失礼な日本人。

外国に住んでいれば、どこの国であろうと、面白い発見があると思う。特に私の場合は、地球の反対側から来ているから、文化と習慣が違うのは不思議なことではない。10年ほど日本で暮らし、生活には慣れたが、毎日思いがけない出来事が起こり、相変わらず日本は面白いと感じている。

マリア・エレナ・ティシ「面白い日本の私」今西淳子、渥美国際交流奨学財団編『だから私は日本を選んだ！』ジャパンブック、2005より一部加筆修正

ことばを確かめよう

1.

からかう （→からかわれる）　　　扉（とびら）　　　　　失礼（な）（しつれい）

満ちる［雰囲気に〜］（み）（ふんいき）　　繰り返し（く かえ）　　　不思議（な）（ふしぎ）

配る（→配られる）（くば）（くば）　　　職場（しょくば）

変わる［人が〜］（か）（ひと）　　　座席（ざせき）　　　　いろんな

押しのける（お）　　　　　　　　反対側（はんたいがわ）

暮らす（く）　　　　　　　　　　出来事（で き ごと）　　　特に（とく）

起こる［出来事が〜］（お）（で き ごと）　　　　　　　　　相変わらず（あい か）

　　　　　　　　　　　　　　　　酒臭い（さけくさ）

通勤電車（つうきんでんしゃ）　　　思いがけない（おも）　　　ほど［10年〜］（ねん）

雰囲気（ふんいき）

飲んべえ（の）　　　　　　　　　好意的（な）（こう い てき）　　それとも

ただ　　　　　　　　　　　　　　否定的（な）（ひ ていてき）　　だが

2. 練習（れんしゅう）

1) 適当な形にして入れなさい。（てきとう かたち い）

配られる（くば）	満ちる（み）	押しのける（お）	変わる（か）	暮らす（く）

①駅の前でいろいろな物がただで（　　　　　）いる。（えき まえ）（もの）

②この町に友達がたくさんできたので、この町でずっと（　　　　　）たい。（まち ともだち）

③Ａさんの家庭は愛情に（　　　　　）いる。（かてい あいじょう）

④彼は非常に疲れていたので、他の人を（　　　　　）、電車の座席に座った。（かれ ひじょう つか）（ほか ひと）（でんしゃ ざせき すわ）

2)

否定的な（ひ ていてき）	失礼な（しつれい）	好意的な（こう い てき）	酒臭い（さけくさ）	思いがけない（おも）

①お客様に（　　　　　）態度をとってはいけない。（きゃくさま）（たい ど）

②外国で生活していると、毎日（　　　　　）出来事が起こる。（がいこく せいかつ）（まいにち）（で き ごと お）

③言葉は、使う人・聞く人によって（　　　　　）意味にも（　　　　　）意味にもなる。（こと ば つか ひと き ひと）（い み）（い み）

第3課 | 37

内容を確かめよう

1. 内容が正しいものに○、正しくないものに×を書きなさい。

　　1)（　　　）筆者は日本でよくからかわれて、気分が悪い。

　　2)（　　　）筆者は日本のいい面も悪い面もよく知っている。

　　3)（　　　）筆者は国によって文化と習慣が違うことを不思議なことだと思っている。

　　4)（　　　）思いがけないことが起こっても、筆者の「日本は面白い」という考えは変わらない。

2. □□から言葉を選び、段落の内容を完成しなさい。

面白い　　親切　　高い　　失礼な　　うるさい　　不思議な　　まじめな

　　1）第1段落：「（　　　　　）」という言葉の意味。

　　2）第2段落：通勤電車の中は朝は（　　　　　）雰囲気だが、夜は酒臭いこと。

　　3）第3段落：物価は（　　　　　）が、物がただで配られていること。

　　4）第4段落：駅での繰り返しの注意は親切だが、（　　　　　）こと。

　　5）第5段落：仕事中の日本人は（　　　　　）だが、仕事後は（　　　　　）こと。

　　6）第6段落：文化と習慣が違うのは（　　　　　）ことではないこと。

3. 筆者が「不思議ではない」と思っていることはどれですか。

　　①日本に住んでいること

　　②毎日思いがけない出来事が起こること

　　③外国では文化と習慣が違うこと

4. 「繰り返しが多すぎて、うるさい日本」（13〜14行目）と書いてありますが、どこで繰り返しの音が聞こえますか。正しくないものはどれですか。

　　①駅　　　　　②電車の中　　　　③職場

5. 「相変わらず日本は面白い」（20〜21行目）はどういう意味ですか。

　　①10年前も今も同じように日本は面白い。

　　②10年前は面白かったが、今は変わってしまった。

　　③10年前は面白くなかったが、今は変わって、面白い。

38 ｜ 第3課

学習項目
がくしゅうこうもく

1. V テ／N 以来　〜から後ずっと
いらい　　　　　　　あと

Ever since ~
自从……一直
〜 이후 계속해서
Suốt kể từ khi ~

① 日本に来て**以来**、「面白い」という言葉を何回も聞いている。
にほん　き　　　　　　　おもしろ　　　　ことば　なんかい　き

② 入社**以来**、彼とは友人として何でも相談しあっている。
にゅうしゃ　　かれ　　ゆうじん　　　なん　　そうだん

③ 半年前に家族と電話で話して**以来**、ずっと連絡していない。
はんとしまえ　かぞく　でんわ　はな　　　　　　　　れんらく

2. 何〜も　数量が多いことを表す。
なん　　すうりょう　おお　　　　あらわ

Indicates a large amount/number of something.
表示数量多。
수량이 많음을 나타냄.
Diễn tả số lượng nhiều.

① 「面白い」という言葉を**何**回も聞いている。
おもしろ　　　　ことば　　なん　　き

② 今朝電車の事故があり、**何**人も遅刻した。
け さ でんしゃ　じ こ　　　　なんにん　ち こく

③ 彼には**何**年も会っていない。
かれ　　　なんねん　あ

☆何〜か　数量が少ないことを表す。
なん　　すうりょう　すく　　　　あらわ

Indicates a small amount/number of something.
表示数量少。
수량이 적음을 나타냄.
Diễn tả số lượng ít.

① 試験の結果が悪く、**何**人かの学生が落第した。
し けん　けっか　わる　　　　なんにん　　がくせい　らくだい

3. 文章の中の「こ・そ」　前の文に出てきたものを指す。
ぶんしょう　なか　　　　　　　まえ ぶん で

「こ」は話し手に属していることや話し手が身近に感じていることを話
はな て ぞく　　　　　　　　はな て み ぢか かん　　　　　　　　はな
す時使われる。
ときつか

Refers to something mentioned in a previous sentence. "こ" is used when referring to something that belongs to the speaker or that the speaker feels is close to him/her.
指代前文中出现过的事物。「こ」系列指示代词用于叙述属于说话人的或者说话人感觉距离自己近的事物。
앞 문장에 나온 것을 가리킴. 「こ」는 화자에게 소속하는 것이나 화자가 가깝게 여기는 것을 말할 때 쓰임.
Chỉ sự vật xuất hiện ở câu trước. 「こ」 được dùng khi nói về những thứ thuộc về người nói hoặc người nói cảm thấy thân thuộc.

① 「あなたは面白いね。」とよく言われる。**これ**は褒められているのだろうか。
おもしろ　　　　　　　い　　　　　　　　　　　ほ

② 彼は記憶力が非常に優れている。だが、**それ**を自慢することはない。
かれ　き おくりょく　ひ じょう　すぐ　　　　　　　　　　じ まん

第3課　｜　39

☆会話の中の「そ・あ」　話し手も相手も共通に知っている場合→「あ」
どちらか一方が知っている場合→「そ」

When both the speaker and listener know the subject → "あ"
When only the speaker or listener knows the subject → "そ"
说话人和听话人都知道时 →「あ」
只有一方知道时 →「そ」
화자와 청자가 공통적으로 알고 있는 경우 →「あ」
어느 한 쪽만 알고 있는 경우 →「そ」
Trường hợp cả người nói lẫn người nghe đều biết →「あ」
Trường hợp chỉ một trong hai người biết →「そ」

① A：昨日花山公園に行ったんだ。

　 B：それ、どこにあるの？

② A：あした横浜の花火大会を見に行くんだ。

　 B：ああ、あの花火大会はすごく有名だよね。

4. 普通形ということだ　ある事実から、結論を引き出して述べる。

Used to express a conclusion that is based on certain facts.
由某个事实来引述结论。
어떤 사실에서 결론을 이끌어내서 말함.
Rút ra kết luận từ một thực tế/sự thật nào đó.

① この言葉は好意的な言葉であって、否定的なものではないということだ。

② A：これが事実です。

　 B：つまり、あの話はうそだったということですね。

③ A：Cさんはベジタリアンです。

　 B：じゃ、肉も魚も食べないっていうことですか。

5. Vルまでもない・Vルまでもなく〜　（＝する必要はない／ないが〜）

① 言うまでもなく、まじめな日本。

② これは誰でも知っていることだから、わざわざ説明するまでもない。

③ ドラえもんを例に出すまでもなく、日本のアニメは多くの人に知られている。

6. 疑問語＋Nであろうと （＝「疑問語＋N」でも） 書き言葉

Written language
书面语
글말
Ngôn ngữ viết

① どこの国であろうと、面白い発見があると思う。

② どんな人であろうと、良心はあるはずだ。

③ どんな時であろうと、自分を見失わないようにしたい。

☆ N₁であろうと、N₂であろうと （＝ N₁も N₂も）N₁と N₂のどちらにも当てはまる。

Indicates that something applies to both N₁ and N₂.
N₁和 N₂两者都适用。
N₁과 N₂ 모두에 해당함을 나타냄.
Áp dụng cho N₁ lẫn N₂.

① ペットを捨てる人がいる。しかし、人であろうと、動物であろうと、その命は同じように大切にするべきだ。

7. V(移動動詞)ₜいる 移動後の状態を表す。

Expresses a state following movement.
表示动作移动之后的状态。
이동 후의 상태를 나타냄.
Diễn tả trạng thái sau khi di chuyển.

[移動動詞の例：行く・来る・戻る・帰る]

① 私は地球の反対側から来ている。

② A：担当者はもう会場に行っていますね。

  B：はい、会場で資料をチェックしていると連絡がありました。

③ 彼はもう会社に戻っている。

☆ V(移動動詞)ₜいる 状況の変化を表す。

Expresses a change in the situation.
表示状况的变化。
상황의 변화를 나타냄.
Diễn tả sự biến đổi của trạng thái.

① 先週体調を崩したが、今は元の状態に戻っている。

学習項目の練習
がくしゅうこうもく　れんしゅう

１．Vₜ／N　以来
いらい

１）基本練習
きほんれんしゅう

例１：彼女は３月に日本へ来る・週末ごとにあちこちのお寺へ写真を撮りに行ってい
れい　かのじょ　がつ　にほん　く　しゅうまつ　　　　　　　　てら　しゃしん　と　い
る

　　　→彼女は３月に日本へ来て以来、週末ごとにあちこちのお寺へ写真を撮りに
　　　　　　　　　　　　　き
行っている。

例２：入学・A先生にはずっとお世話になっている
にゅうがく　せんせい　　　せ わ
　　　→入学以来、A先生にはずっとお世話になっている。

①大学に入る・生活のために夜コンビニでバイトをしている
だいがく　はい　せいかつ　　　よる
　→

②彼とは半年ぐらい前に会う・連絡を取っていない
かれ　はんとし　まえ　あ　れんらく　と
　→

③A社は2010年に設立される・毎年業績が伸びている
しゃ　ねん　せつりつ　まいとしぎょうせき　の
　→

④来日・家族が心配しないように、毎日連絡している
らいにち　か ぞく　しんぱい　まいにち
　→

⑤この製品は10年前の発売・多くの人に使われている
せいひん　ねんまえ　はつばい　おお　ひと　つか
　→

２）書こう
か

テーマ：**日本へ来て以来・来日以来・（　　　　　　　　　　　　　）以来**

例：昨年４月に来日した。日本へ来て以来、ずっとこの町に住んでいる。ここは…
さくねん　　　　　　　　　　　　　　　　　　　　　　　　まち　す

_____

_____

_____

42　｜　第３課

2. 何～も

1) 基本練習1

回	通	倍	冊	曲
かい	つう	ばい	さつ	きょく

例：ディズニーランドに（　<u>何回も</u>　）行ったことがある。

①資格試験を受けるので、専門の本を（　　　　　　　　）買った。

②歌が好きで、カラオケに行くと（　　　　　　　　）歌う。

③部長のボーナスは私のより（　　　　　　　）多い。

④誕生日に家族や友達からメールが（　　　　　　　　）来た。

2) 読もう

「富士山は美しい。」と何度も耳にした。夏休みに友人と実際に行ってみたら、本物の富士山は想像より何倍も美しかった。まさに「百聞は一見にしかず」だと思った。

①実際に見た富士山はどうでしたか。

②あなたも「百聞は一見にしかず」という経験がありますか。

3) 基本練習2　☆何～か

人	日	着	割	ページ
にん	にち	ちゃく	わり	

例：学生が（　<u>何人か</u>　）授業をサボった。

①寝る前に本を読むが、（　　　　　　　　）読むと、眠くなってしまう。

②服を買う前に（　　　　　　　）試着してみた。

③体調がよくないが、（　　　　　　　）休めば、回復するだろう。

④この会社は去年に比べて、売り上げが（　　　　　　　　）上がった。

第3課　43

3．文章の中の「こ・そ」

1）聞こう　CD 11

① CDを聞いて、（　　）に言葉を書きなさい。

　「(a.　　　　　　　　　　　)」という言葉がある。これは「(b.　　　　　　　)」
と「(c.　　　　　　　　　　　)」を合わせて作られたものである。職場の人間
関係を円滑にするために、お酒を飲んで気持ちを共有するのだ。<u>このこと</u>は日
本の職場では意味があるようだ。

---

②「このこと」は何ですか。

2）読もう

　日本には「合コン」という飲み会がある。<u>これ</u>は若者が男女の出会いを求め
て行う会である。1980年頃から大学生の間で盛んになったそうだ。<u>その後</u>学生
だけではなく、社会人の間にも広まった。

---

①「これ」は何ですか。

②「その後」の「その」はいつですか。

3）基本練習　☆会話の中の「そ・あ」

① A：昨日久しぶりに山田さんに会ったよ。

　B：えっ、山田さん？（　その　　あの　）人、誰？

　A：ほら、大きくて派手な眼鏡をかけている人。

　B：ああ、（　その　　あの　）人ね、知っている。

② A：いい料理の本を買ったんだ。

　　　（　その　　あの　）本、簡単に作れるように写真がいっぱいでね。

　B：よさそうだね。じゃ、（　それ　　あれ　）、今度見せてよ。

44 ｜ 第3課

4．普通形ということだ
1）基本練習1
AさんとBさんの会話を完成しなさい。

> 例：（子供）：棚の上の本が取れたよ。（　a　）
> ①今日は山がくっきり見えるね。（　　）
> ②あのニュースは本当じゃなかったよ。（　　）
> ③落とし物をしたけど、警察に届いていた。（　　）

Aさん

Bさん

> a. （親）：わあ、背が高くなったということだよ。
> b. え？　フェイクニュースだったということですか。
> c. 空気が澄んでいるということだね。
> d. よかったね。誰かが拾ってくれたということね。

2）読もう

> 日本へ来たばかりの時、外国で生活する難しさは言葉だと思っていた。しかし、半年生活して分かったのは、その難しさは文化の違いであって、言葉ではないということだ。

①外国で生活する難しさは何ですか。
②あなたは外国で生活する難しさは何だと思いますか。

第3課 | 45

5．Vるまでもない・Vるまでもなく～

1）基本練習

適当な形にして入れなさい。

出します	比べます	調べます	紹介します	言います

例：（ 言う ）までもなく、まじめな日本。

①富士山は他の山と（　　　　）までもなく、形が美しい。

②（　　　　）までもなく、このデータは間違っている。

③花見を例に（　　　　）までもなく、日本人は季節ごとの行事を普段から楽しんでいる。

④（ご　　　　）までもありませんが、こちらがオリンピックのメダリストのAさんです。

2）読もう

> 　都会のラッシュアワーの混雑のすごさは言うまでもない。電車では乗客が多すぎて、ドアが閉まらないことがたびたびある。そんな時、以前は、「押し屋」と呼ばれる駅員が乗客を車内に押し込んで、無理やりドアを閉めていた。しかし、「乗客の荷物や体を押す」という行為が問題になったため、最近は荷物や体を押すのではなく、ドアを押さえて、乗客が車内に入るのを助けている。

①以前「押し屋」は何をしていましたか。

②最近「押し屋」は何をしていますか。

6. 疑問語＋Nであろうと
1) 基本練習1

何のキャッチコピー（宣伝文句）ですか。□から選びなさい。

| クリーニング店 | 経営コンサルタント | インテリアデザイン会社 | 薬局 |

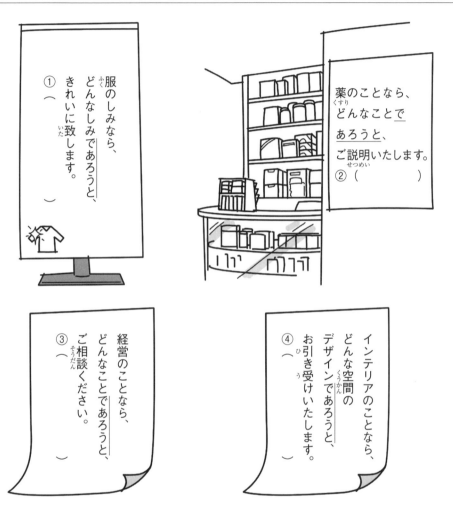

① 服のしみなら、どんなしみであろうと、きれいに致します。（　　）

② 薬のことなら、どんなことであろうと、ご説明いたします。（　　）

③ 経営のことなら、どんなことであろうと、ご相談ください。（　　）

④ インテリアのことなら、どんな空間のデザインであろうと、お引き受けいたします。（　　）

2) 基本練習2　☆ N₁であろうと、N₂であろうと

例：（人・動物）
　　人であろうと、動物であろうと、その命は同じように大切にしなければならない。

① （親・教師）
　　＿＿＿＿であろうと、＿＿＿＿であろうと、子供の将来を決めつけてはいけない。

② （食事中・入浴中）
　　＿＿＿＿＿＿＿＿＿＿＿＿＿＿＿＿＿、スマホを手放せない依存症の人がいる。

7．V(移動動詞)ᴛいる

1）基本練習1

適当な形にして入れなさい。

戻る　　　行く　　　来る

① （寮で）

　　A：アリさんは？

　　B：スーパーに買い物に（　　　　）います。

② （会社で）

　　A：ラオさんはもう来た？

　　B：ええ、もう（　　　　）います。

　　A：じゃ、そろそろ会議を始めよう。

③ （AがBの会社に電話する）

　　A：Bさんはいらっしゃいますか。

　　C：すみません。まだ外出先から（　　　　）おりませんが。

　　A：そうですか。ではすみませんが、伝言をお願いできますか。

　　C：はい、どうぞ。

2）読もう　☆V(移動動詞)ᴛいる （状況の変化）

> 　インターネットの利用でいろいろな問題が起きている。匿名で悪質な情報を流したり、他人の写真をばらまいたりする人がいるのだ。「インターネットの何が危険か」を子供に対して早急に教える時期が<u>来ている</u>。

①「いろいろな問題」は例えば何ですか。

②子供に教えなければならないことは何ですか。

③あなたはどう思いますか。

チェックシート

☐／10

1. この小さいレストランは家庭的な［空気／雰囲気］があり、気に入っている。

2. 春の花フェスティバルでは、花の種がただで［配られた。／買われた。］

3. 会社に［入った／入って］以来、早く家に帰れない日が続いている。

4. 私は「まじめだね」とよく言われるが、［これは／それは］褒められているのだろうか、［そして／それとも］からかわれているのだろうか。

5. 歌が大好きなので、1人でカラオケに行って、［何曲も／何曲かしか］歌う。

6. A：あしたの打ち合わせは午前中では終わらないでしょう。

   B：では、会議室を午後まで［予約しなくてもいい／予約しなければならない］ということですね。

7. 日本では女性は男性より平均寿命が長い。これは誰でも知っていることなので、［言う／言わない］までもない。

8. どんな会社［だが／であろうと］、いい面と悪い面がある。

9. A：Cさんは？

   B：スーパーに買い物に行って［します。／います。］

第3課 ｜ 49

聴解タスクシート　CD 9

1. CDを聞いて、（　　）に言葉を書きなさい。

1　　日本に来て以来、「面白い」という言葉を何回も聞いている。「マリア・エレ
ナさん、あなたは（　　　　　　　　）ね」ともよく言われた。これは褒められて
いるのだろうか、それともからかわれているのだろうか。分かってきたのは、
「面白い」は（　　　　　　）言葉であって、（　　　　　　　　）ものではないとい

5　うことだ。日本は面白い。日本人も面白い。日本に住んでいることも面白い。
　　言うまでもなく、（　　　　　　　　）日本。通勤電車はその雰囲気に満ちてい
る。しかし、夜遅い時間の電車は酒臭い、飲んべえ日本。
　　物価が高いと言われているが、いろんな物がただで配られている、（　　　　）
日本。

10　「滑りやすいので注意してください」「忘れ物をしないでください」「閉まる扉
にご注意ください」。親切な日本。しかし、繰り返しが多すぎて、（　　　　　　）
日本。
　　仕事中はとても親切な日本人。だが、職場を出ると人が変わる。電車で人
を押しのけて座席に座る（　　　　）日本人。

15　外国に住んでいれば、どこの国であろうと、面白い発見があると思う。特
に私の場合は、地球の反対側から来ているから、文化と習慣が違うのは
（　　　　　　　）ことではない。10年ほど日本で暮らし、生活には慣れたが、
毎日（　　　　　　　　）出来事が起こり、相変わらず日本は面白いと感じて
いる。

マリア・エレナ・ティシ「面白い日本の私」今西淳子、渥美国際交流奨学財団編『だから私は日本を選ん
だ！』ジャパンブック、2005より一部加筆修正

2 質問を聞いて、答えを書きなさい。　CD 10

1) _____

2) _____

作文　テーマ：日本に来て（外国へ行って・違う町へ行って）分かったこと

1. 文章を読んで、下の（a）（b）に①か②を選んで書きなさい。

> 日本に来て5年になる。
>
> この5年の間、何回も「日本語がお上手ですね。日本は長いんですか。」と聞かれた。初めは、日本の地形が頭に浮かび、日本人はどうしてこんな質問をするのだろうかと不思議に思った。言うまでもなく、日本の地形は縦に長い。それで、「ええ、日本は長いです。」と答えていた。
>
> しかし、最近「日本は長いんですか。」という質問は「日本に長く滞在しているんですか。」という意味だと分かった。単語には意味がたくさんあって、面白い。

①日本の地形は長いかどうか。

②日本に長く滞在しているかどうか。

筆者は「日本は長いんですか」という質問を初めは（a.　　　　）だと思っていましたが、今は（b.　　　　）だと分かりました。

2. 書きなさい。

（どこから来たか・どこへ行ったか。そこにどのくらいいるか／いたか。）

_____

_____

（そこで疑問に思ったこと・不思議だと思ったこと・分からないと思ったこと）

_____

_____

（分かってきたこと・それについての意見／感想）

_____

＊話す時は丁寧体で。

3. 自分の作文を読みなさい。友達の作文を聞き、質問しなさい。

第3課 ｜ 51

プラスアルファ　　ステレオタイプ

1. 国民性のイメージについて考え、表に書きなさい。

例：日本人	例：まじめ
（　　　）人	
（　　　）人	

まじめ
きちょうめん
陽気
団体行動が好き
マイペース
プライドが高い
（　　　　　）

2.（　）に言葉を書きなさい。

A：ステレオタイプってどういうことですか。

B：画一的なイメージのことですよ。
国籍からその国の人のイメージを言う場合などに使われています。
例えば、（（例：日本人）　　　　　）の場合、
「(例：まじめ)　　　　　　　　」とか
「　　　　　　　　　　　　　」とか。

A：ああ、そういうことですか。ありがとうございました。

第4課 くしゃみ

1. あなたの国では「くしゃみ」の音をどう表しますか。

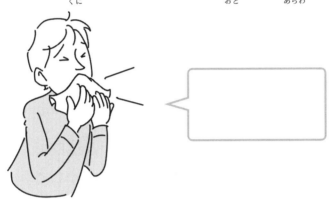

2. あなたの国では動物の鳴き声をどう表しますか。

本文 CD 12

くしゃみ

太陽の光が目に入った時や、暗い屋内から明るい所に出て、まぶしいと感じた**とたん**、くしゃみが**飛びだす**ことがある。これを「光くしゃみ反射」という。

本来、くしゃみは鼻に入った異物を鼻水**とともに**外に**押しだそう**として起こる反射運動である。ほこりなどが鼻に入ったり、冷たい空気を**吸い込ん**だりすることなどがきっかけで起こる。しかし、光を**取り込む**のは鼻ではなく目なのに、なぜくしゃみが起こるのだろうか。

これは目**からの**「まぶしい」という信号が、脳に伝わる**途中**で、なぜかくしゃみを起こす神経を刺激するため、**鼻がむずむずして**、くしゃみが出るのだ。花粉症のようなアレルギーと違い、「光くしゃみ反射」のくしゃみは1回か多くても2、3回である。国内外の調査によると、2、3割の人に「光くしゃみ」の自覚症状があると言われている。また、その症状は子孫に遺伝すると考えられている。

ところで、日本語でくしゃみを表す音は「**はくしょん**」が一般的だが、実際の音はどうだろうか。「**へくしゅ**」「**はっくしょい**」「**くしゅん**」など、人によってさまざまである。面白い**ことに**、くしゃみの音が親子でそっくりであるとか、くしゃみのしかたに男女差があるという話もある。くしゃみは興味深い生理現象である。

ことばを確かめよう

1.

入る［目に〜］　　　　　屋内　　　　　　　自覚症状［〜がある］
感じる　　　　　　　　　光くしゃみ反射　　症状
飛びだす　　　　　　　　本来　　　　　　　子孫
押しだす　　　　　　　　異物　　　　　　　親子
起こる　　　　　　　　　鼻水　　　　　　　男女差［〜がある］
吸い込む　　　　　　　　反射運動　　　　　生理現象
取り込む　　　　　　　　ほこり
伝わる　　　　　　　　　きっかけ　　　　　まぶしい
起こす［くしゃみを〜］　信号　　　　　　　興味深い
刺激する　　　　　　　　脳
むずむずする　　　　　　神経　　　　　　　一般的(な)
遺伝する　　　　　　　　花粉症　　　　　　そっくり(な)
表す　　　　　　　　　　アレルギー
　　　　　　　　　　　　国内外　　　　　　実際(の)
くしゃみ　　　　　　　　調査
光　　　　　　　　　　　〜割　　　　　　　ところで

2. 練習

1) 適当な形にして入れなさい。

飛びだす	押しだす	遺伝する	表す	吸い込む

①鼻がむずむずして、くしゃみが（　　　　　　　　　　）。

②あなたの国ではくしゃみの音をどう（　　　　　　　　　）か。

③「光くしゃみ反射」の症状は子孫に（　　　　　　　　）そうだ。

④この掃除機はごみを（　　　　　　　）パワーがすごい。

2)

そっくり	実際の	効果的な	一般的な	きっかけ

①あの親子は声が（　　　　　　　　）だ。

②私が日本語の勉強を始めた（　　　　　　　　　）は日本のアニメを見たことだ。

③日本ではボーナスが年2回出るのが（　　　　　　　　）ようだ。

④日本ではくしゃみの音は「はくしょん」と表すが、（　　　　　　　　）音はど

うだろうか。

第4課 | 55

内容を確かめよう

1. 内容が正しいものに○、正しくないものに×を書きなさい。

   1) （　　　）光が目に入ったとたんに、くしゃみが出るのを「光くしゃみ反射」という。

   2) （　　　）4、5割の人に「光くしゃみ反射」の症状がある。

   3) （　　　）「光くしゃみ反射」のくしゃみは1回から2、3回だ。

   4) （　　　）「光くしゃみ反射」は子孫に遺伝すると考えられている。

2. 段落の内容を右から選び、線で結びなさい。

   1) 第1段落・　　　　　　・a.「光くしゃみ反射」の仕組み・回数と調査結果。

   2) 第2段落・　　　　　　・b.「くしゃみ」を表す音。

   3) 第3段落・　　　　　　・c.「光くしゃみ反射」の定義（意味）。

   4) 第4段落・　　　　　　・d.「くしゃみ」の仕組み。

3. 4行目の「異物」は何ですか。<u>正しくない</u>ものはどれですか。

   ①ほこり　　　　②くしゃみ　　　　③冷たい空気

4. 14行目の「その症状」の「その」は何ですか。

   ①光くしゃみ反射　　　　②花粉症　　　　③太陽の光

5.「光くしゃみ反射」の仕組み

   （　　　）に「口・目・鼻」を書きなさい。言葉は2回使ってもよい。

太陽の光が（①　　　　　）に入る。　→　（②　　　　　）がまぶしいと感じる。 　→　くしゃみを起こす神経を刺激する。　→　（③　　　　　）がむずむずする。 　→　（④　　　　　）からくしゃみが飛びだす。

56 ｜ 第4課

学習項目
がくしゅうこうもく

1. Vタとたん （=～するとすぐに）後ろには予期しない事柄が来る。間を置かずに次の事柄が起きる。
うし　　よき　　　ことがら　く　　あいだ　お　　つぎ　ことがら　お

Is followed by something unexpected. The next thing occurs instantly afterwards.

后面接预料之外的事项。没有时间间隔发生第二个事项。

뒤에는 예측할 수 없는 사항이 옴. 곧이어 다음 사항이 일어남.

Về sau là sự việc không lường trước sẽ xảy ra. Sự việc tiếp theo xảy ra liền sau đó.

① まぶしいと感じた**とたん**、「はくしょん」とくしゃみが飛びだす。
かん　　　　　　　　　　　　　　　　　　　　と

② 学生たちは終了ベルが鳴った**とたん**、教室を出て行った。
がくせい　　しゅうりょう　　な　　　　　　きょうしつ　で　い

③ 彼は布団に入った**とたん**、寝てしまった。
かれ　ふとん　はい　　　　　　ね

2. 複合動詞（Vマス＋だす・込む）
ふくごうどうし　　　　　　　　こ

1）～だす　空間的出現
くうかんてきしゅつげん

Spatial appearance of something

空间上的出现

공간적 출현

Sự xuất hiện trong không gian

① まぶしいと感じたとたん、くしゃみが**飛びだす**。

② 電車に乗ったとたん、彼はかばんからタブレットを**取りだした**。
でんしゃ　の　　　　　　　　　　　　　　　　　　　　と

☆～だす　開始
かいし

Commencement　开始　시작　Bắt đầu

① 突然雨が**降りだした**。
とつぜんあめ　　ふ

2）～込む　空間的移動（内に）
こ　　　　くうかんてきいどう　うち

Spatial movement (into something)

空间的移动（进去）

공간적 이동(안쪽으로)

Sự di chuyển trong không gian (Vào trong)

① 冷たい空気を**吸い込む**。
つめ　　くうき　す　こ

② とても暑いので、プールに**飛び込んだ**。
あつ　　　　　　　　　　　　と　こ

☆～込む　十分に
こ　　　じゅうぶん

Completely　充分地　충분히　hết sức

① マラソンの選手たちは大会のために毎日練習し、**走り込んでいる**。
せんしゅ　　　たいかい　　　　まいにちれんしゅう　はし　こ

第4課 ｜ 57

3. N とともに （＝〜と一緒に）

①鼻に入った異物を鼻水とともに外に押しだそうとする。

②ボランティアの仲間とともに、町のイベントを成功させた。

☆1 Vₗとともに （＝〜と同時に）

①電車の事故があった。会社は事故原因を調べるとともに、電車の復旧作業を進めている。

☆2 Vₗ／N とともに （＝〜に伴って『中級へ行こう』9課参照）

一方の変化とともに他方も変わることを表す。

Indicates that one change is accompanied by another change.

表示伴随一方的变化另一方也在发生变化。

어느 한 쪽의 변화에 따라 다른 한 쪽도 변화함을 나타냄.

Diễn tả trường hợp một sự việc thay đổi thì sự việc khác cũng thay đổi theo.

①人口が増えるとともに、ごみ問題が起きている。

②景気の回復とともに、家を買う人が増えている。

4. 助詞＋「の」 での・からの・までの・との・への

で	→	での
から	→	からの
まで	→	までの
と	→	との
へ	→	への
［人・場所］に	→	への

「がの・をの」は使われない。

①目からの「まぶしい」という信号が脳に伝わる。

②両親との暮らしが懐かしい。

③タイへの卒業旅行を楽しみにしている。

5. Vₗ／N の 途中

①目からの信号が脳に伝わる途中でなぜか鼻がむずむずして、くしゃみが出る。

②帰宅の途中、図書館で本を借りた。

6. 擬音語・擬態語

1) 擬音語　音や声を表す。

Expresses sounds.

表示声音。

소리나 목소리를 나타냄.

Diễn tả âm thanh và tiếng nói.

①まぶしいと感じたとたん、「**はくしょん**」とくしゃみが飛びだす。

②隣の家の犬が「**ワンワン**」とほえて、うるさい。

2) 擬態語　体に関する擬態語

Mimetic words about the body

与身体相关的拟态词

신체에 관한 의태어

Từ tượng hình liên quan đến cơ thể

A：〔むずむず・どきどき・にこにこ・はらはら・むかむか・がんがん・ひりひり〕する

B：〔ぺこぺこ・からから・くたくた〕だ

①鼻が**むずむず**して、くしゃみが出る。

②朝から何も食べていない。おなかが**ぺこぺこ**だ。

7. ～ことに　感慨を先に述べる表現

Used to express strong emotion at the beginning of a sentence.

首先叙述感慨的表达方式

감탄을 먼저 말하는 표현

Mẫu câu nêu cảm xúc ra trước

接続

$$\begin{bmatrix} Vタ \\ Aい \\ Naな \end{bmatrix} +ことに$$

①面白い**ことに**、くしゃみの音が親子でそっくりであるという話がある。

②困った**ことに**、この町のごみの捨て方がよく分からない。

③残念な**ことに**、体育祭は台風で中止になった。

第4課　59

学習項目の練習
がくしゅうこうもく　れんしゅう

１．Ｖタとたん

１）基本練習
きほんれんしゅう

例：外へ出る・くしゃみが飛びだす
　れい　そと　で　　　　　　　　と

　　→外へ出たとたん、くしゃみが飛びだす。

①家へ帰る・親に「遅い」と叱られた
　いえ　かえ　おや　おそ　　　しか

　　→

②電車に乗る・事故で電車が止まってしまった
　でんしゃ　の　じこ　　でんしゃ　と

　　→

③バイトを辞める・貯金できなくなった
　　　　　や　　　ちょきん

　　→

④終業時間になる・事務所には誰もいなくなる
　しゅうぎょうじかん　　　じむしょ　　だれ

　　→

２．複合動詞　（Ｖマス＋だす・込む／☆～だす・～込む）
ふくごうどうし　　　　　　　　　　　　　こ

１）基本練習１
きほんれんしゅう

言葉を選んで、適当な形にして入れなさい。
ことば　えら　　てきとう　かたち　　い

A	飛ぶ　　あふれる　　解く　　逃げる　　取る	＋	だす
　　　　　　　　　　　と　　　に　　　と

例：鼻水とともに、くしゃみが（飛びだした）。
　　はなみず

①ニュースによると、昨日の集中豪雨で川の水が（　　　　　　　　　）そうだ。
　　　　　　　　　きのう　しゅうちゅうごうう　かわ　みず

②会議の資料を作るため、ファイルから必要なデータを（　　　　　　　　）。
　かいぎ　しりょう　つく　　　　　　　　　　　ひつよう

③泥棒は警官を見て、突然（　　　　　　　　）。
　どろぼう　けいかん　み　とつぜん

④試験開始のベルが鳴ると、受験生はいっせいに問題を（　　　　　　　）。
　しけんかいし　　　な　　じゅけんせい　　　　　もんだい

B | 入る　　降る　　走る | ＋ | 込む
---|---|---
　　はい　　ふ　　はし

⑤あふれた川の水が家の中にまで（　　　　　　　）きた。
　　　　　　　なか

⑥選手たちは夏の大会のため、春から（　　　　　　　）、体力をつけてきている。
　せんしゅ　なつ　たいかい　　　はる　　　　　　　　たいりょく

60 ｜ 第4課

2）基本練習2

〔町でよく見る標語〕

a.　　　　　　　b.　　　　　　　c.　　　　　　　d.

駆け込み乗車禁止　　飛び込み禁止　　　飛びだし禁止　　飲食物持ち込み禁止

例：ドアが閉まりそうな電車に乗らないでください。（　a　）

①店の中に飲み物や食べ物を持ち込まないでください。（　　　）

②車が多いですから、道に飛びださないでください。（　　　）

③この川は危ないです。飛び込まないでください。（　　　　）

3）読もう・書こう

> あるプロ野球チームが数年前に優勝した時、優勝を喜んだファンが川に飛び込み、けがをするという事故が起きた。それで、今年同じチームの優勝が目前になった時、川に「飛び込み禁止」の看板が立てられた。だが、優勝すると、多くのファンが結局飛び込んでしまった。ファンとしては優勝ほどうれしいものはないのだろう。

①a～eの出来事について、早い順に番号を書きなさい。

a.　あるプロ野球チームが数年前に優勝した。　（　1　）

b.　「飛び込み禁止」の看板が立てられた。　　（　　　）

c.　多くのファンがまた川に飛び込んだ。　　　（　　　）

d.　今年も優勝した。　　　　　　　　　　　　（　　　）

e.　川に飛び込み、けがをした人がいた。　　　（　　　）

②あなたは「ファンが川に飛び込むこと」についてどう思いますか。

　　私は野球ファンが川に飛び込むことについて＿＿＿＿＿＿＿＿＿＿＿＿＿＿＿

＿＿＿＿＿＿＿＿＿と思う。その理由は＿＿＿＿＿＿＿＿＿＿＿＿＿＿＿＿＿＿＿

第4課 ｜ 61

3. N とともに／☆ 1 Vルとともに

1) 基本練習1

例1：〔鼻水〕くしゃみが飛びだす→鼻水とともにくしゃみが飛びだす。

例2：〔事故原因を調べます〕電車の復旧作業を行う

 →事故原因を調べる<u>とともに</u>、電車の復旧作業を行う。

① 私たちは〔水〕生きていると言えるでしょう

 →私たちは＿＿＿＿＿＿＿＿＿とともに＿＿＿＿＿＿＿＿＿＿＿＿＿＿

② 私は〔プロジェクトチームのメンバー〕新製品の開発に取り組んでいる

 →＿＿＿＿＿＿＿＿＿＿＿＿＿＿＿＿＿＿＿＿＿＿＿＿＿＿＿＿＿＿

③ 台風で〔電車が止まります〕駅の改札口は人であふれた

 →＿＿＿＿＿＿＿＿＿＿＿＿＿＿＿＿＿＿＿＿＿＿＿＿＿＿＿＿＿＿

2) 読もう

> 　風邪とインフルエンザは似たような症状がある。しかし、インフルエンザは38度以上の高熱とともに頭痛・筋肉痛という症状が出る。<u>これ</u>にかかったら、体を休める<u>とともに</u>他の人にうつさないようにすることが大切だ。

① インフルエンザになるとどんな症状がありますか。

②「これ」は何ですか。

3) 基本練習2　☆ 2 Vル／N とともに

① 地球の温暖化とともに（　　　　）
② 食生活の変化とともに（　　　　）
③ 医療技術が進歩するとともに（　　　　）

a. アレルギーの人が増えた。
b. 海水の量が多くなった。
c. 死亡率が下がっている。

62 ｜ 第4課

4. 助詞＋「の」　での・からの・までの・との・への

1）基本練習1

例1：教室で勉強する→教室での勉強

例2：大阪に出張する→大阪への出張

①日本で研修する→

②友人とカラオケする→

③友人から相談される→

④事務所の人に依頼する→

2）聞こう　CD 14

①CDを聞いて、（　　）に言葉を書きなさい。

お客様相談室

　お客様相談室ではお客様（a.　　　　　）お問い合わせにはすぐにおこたえします。また、お客様（b.　　　　　）コミュニケーションを大切にしております。お客様が返品をご希望の場合、当社（c.　　　　　）送料は当社が負担いたします。

②お客様相談室が大切にしていることは何ですか。

③返品の送料は誰が出しますか。

第4課 | 63

5. Vル／Nの 途中
1）基本練習
絵を見て文を書きなさい。

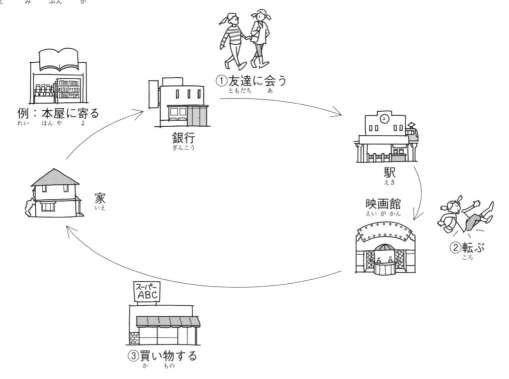

例：昨日、銀行へ行く途中、本屋に寄った。
① 駅＿＿＿＿＿＿途中＿＿＿＿＿＿＿＿＿＿＿＿＿＿＿＿＿＿
② ＿＿＿＿＿＿＿＿＿＿＿＿＿＿＿＿＿＿＿＿＿＿＿＿＿＿＿＿
③ ＿＿＿＿＿＿＿＿＿＿＿＿＿＿＿＿＿＿＿＿＿＿＿＿＿＿＿＿

6. 擬音語・擬態語
1) 基本練習1　擬音語

はくしょん　くすくす　とんとん　げらげら　ざーざー

例：（はくしょん）と
　　くしゃみが出る

①（　　　　　）笑う

②（　　　　　）と
　　ドアをたたく

③雨が（　　　　　）
　　降っている

④（　　　　　）笑う

2) 基本練習2　擬態語

A

ひりひり　むずむず　どきどき　むかむか　わくわく　にこにこ　＋する

①やけどをして手が（　　　　　）する。
②あした、ディズニーランドへ遊びに行くので、（　　　　　）して寝られない。
③ああ、（　　　　　）する。みんなの前でスピーチをするから。
④鼻が（　　　　　）する。くしゃみが出そうだ。
⑤昨日、飲みすぎて、胸が（　　　　　）する。

B

ぺこぺこ　くたくた　からから　＋だ

①暑くて、喉が（　　　　　）だ。
②毎日、残業が続いて（　　　　　）だ。
③朝から何も食べていない。おなかが（　　　　　）だ。

第4課

7. 〜ことに

1）応用練習

①うれしいことに、　例：来月から給料が上がる。
　　　　　　　　　_____

②残念なことに、_____
③驚いたことに、_____
④あきれたことに、_____

2）書こう

①〜③の「　」に言葉を入れなさい。

①日本ではくしゃみの音を「はくしょん*」て言うんです。
　面白いことに私の国では「　　　　　　　　　」
　て言うんですよ。

②日本ではノックの音を「とんとん」て言うんですね。
　面白いことに私の国では「　　　　　　　　　」
　て言うんですよ。

③日本では犬の鳴き声を「わんわん」て言うんですね。
　面白いことに私の国では「　　　　　　　　」て言うんですよ。

---

*「はくしょん」って→「はくしょん」て

　「ん」の後では「っ」はつけないで「て」だけになる。
　　"ん" is followed by "て" only, without "っ".
　　拨音「ん」后面不能接促音「っ」，所以只有「て」
　　「ん」 뒤에서는 「って」가 아니라 「て」가 됨.
　　Sau 「ん」 không dùng 「っ」 mà dùng 「て」.

チェックシート

／10

1. くしゃみは [本来 / 将来] 鼻に入った異物を外に押しだそうとして起こる反射運動だ。

2. 日本映画を見たことが日本に興味を持つ [機会 / きっかけ] になった。

3. 「光くしゃみ反射」は [遺伝する / 運動する] そうだ。

4. 熱やせきは風邪の [症状 / 病気] だ。

5. ほこりが多いところでは鼻が [むずむず / いらいら] する。

6. くしゃみは鼻水 [とともに / として] 出るという。

7. タイ [への / にの] 卒業旅行を楽しみにしている。

8. 彼は家に [着く / 着いた] とたん、すぐテレビゲームを始めた。

9. 学校に [行く / 行った] 途中、コンビニでお昼ご飯を買う。

10. うれしい [もの / こと] に、電車に忘れた傘が見つかった。

第4課 | 67

聴解タスクシート　CD 12

1. CD を聞いて、（　　）に言葉を書きなさい。

1　　太陽の光が目に入った時や、暗い屋内から明るい所に出て、まぶしいと感じたとたん、（　　　　　　）が飛びだすことがある。これを「光くしゃみ（

）」という。

　　本来、くしゃみは鼻に入った異物を鼻水とともに外に（　　　　　　）として起こる反射運動である。ほこりなどが鼻に入ったり、（　　　　　　）空気を
5
吸い込んだりすることなどが（　　　　　　）で起こる。しかし、光を取り込むのは鼻ではなく目なのに、なぜくしゃみが起こるのだろうか。

　　これは目からの「（　　　　　　）」という信号が、脳に伝わる途中で、なぜかくしゃみを起こす神経を刺激するため、鼻が（　　　　　　）して、くしゃみ
10
が出るのだ。花粉症のようなアレルギーと違い、「光くしゃみ反射」のくしゃみは1回か多くても（　　　　　　）である。国内外の調査によると、2、3割の人に「光くしゃみ」の自覚症状があると言われている。また、その症状は子孫に遺伝すると考えられている。

　　ところで、日本語でくしゃみを表す音は「はくしょん」が（　　　　　　）
15
だが、実際の音はどうだろうか。「へくしゅ」「はっくしょい」「くしゅん」など、人によって（　　　　）である。面白いことに、くしゃみの音が親子で（　　　　　　）であるとか、くしゃみのしかたに男女差があるという話もある。くしゃみは興味深い生理現象である。

2. 質問を聞いて、答えを書きなさい。　CD 13

1) _____

2) _____

68　｜　第4課

作文　テーマ：くしゃみ

1. 文章を読んで、質問に答えなさい。

授業中の話だ。私が大きく「はくしょん」とくしゃみをすると、先生が「1つくしゃみはいいうわさ」と言った。いいうわさは誰かが私を褒めているということだそうだ。また、「2つくしゃみは悪いうわさ。3つくしゃみは風邪。」と教えてくれた。

私の国では1つ目のくしゃみは健康、2つ目はお金、3つ目は愛、4つ以上はアレルギーだと言う。つまり、3回目までなら健康、お金、愛に恵まれ、4回以上なら、何かアレルギーにかかっているから、健康に気をつけてということだ。

日本でも誰かがくしゃみをしたら、特別な言葉をかけるということが分かった。いろいろな国の人に聞いてみたら、面白いだろう。

1）上の内容を表に記入しなさい。

くしゃみの数	日本	筆者の国
1	いいうわさ	③
2	①	お金
3	②	④
4以上		⑤

2. 書きなさい。

私の国では他の人がくしゃみをした時、_____

_____

_____

_____

3. 自分の作文を読みなさい。友達の作文を聞き、質問しなさい。

第4課　69

プラスアルファ　　花粉症チェック

　花粉症は植物の花粉が原因で起こるアレルギー症状のことです。日本人の約25%が花粉症のようです。

　あなたも花粉症かどうかチェックしてみましょう。

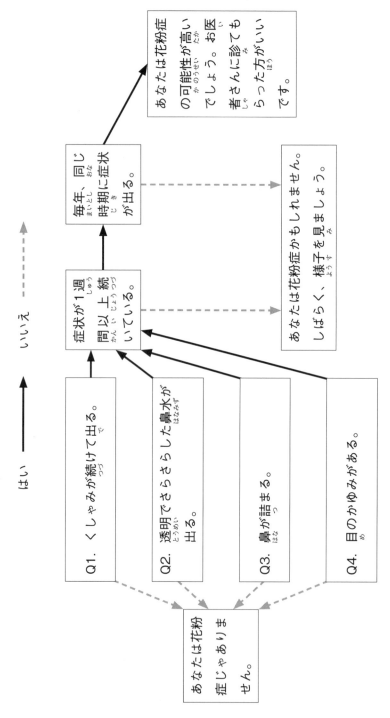

第5課 私の町

1. 絵を見て、□から言葉を選んで書きましょう。

| 伝統的な建物 | 住宅街 | 商店街 | 高層ビル | 団地 | 田舎 |

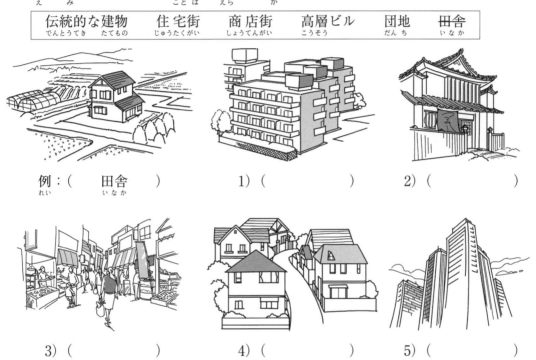

例:(田舎)　　1)(　　　)　　2)(　　　)

3)(　　　)　　4)(　　　)　　5)(　　　)

2.

1) あなたの家の周りにはどんな建物がありますか。
2) 近くに好きな公園や場所がありますか。

本文

私の町

　9月の半ばを過ぎ、朝晩幾分涼しくなって過ごしやすくなりました。

　私の住むアパートの近くに三井公園という公園があります。アパートから歩いて公園を一周して帰ってくると、45分ぐらい。ちょうどいい散歩コースなので、休日の朝、よく行きます。その三井公園も秋の気配を見せ**つつあります**。

　その公園を紹介します。最初の写真は公園の入口から撮ったものです。この公園は自転車の通り抜け禁止なので、入口に自転車進入止めが作られています。

　公園は大小2つの池**を中心に**造られています。この写真は小さいほうの池です。この池のほうが大きい池より自然に近く、静かなたたずまいを漂わせています。

　池沿いの小道を少し行った**ところに**ベンチがあります。落ち葉がいっぱいで、何だか秋**らしい**景色でしょう。このベンチに座って、秋の日を浴びながら読書している人をよく見かけます。

　最後の写真は、子供たちが楽し**げに**遊んでいるものです。

　公園は息抜きに訪れる人が多いので、穏やかな空気に包まれています。住まいの近くにこういう公園があるのは幸せなことです。

ことばを確かめよう

1.

過ごす	散歩コース	落ち葉
一周する	休日	日 ［〜を浴びる］
造る（→造られる）	気配	最後
漂う（→漂わせる）	最初	息抜き
浴びる	通り抜け禁止	住まい
読書する	進入止め	
訪れる	大小	穏やか(な)
包む（→包まれる）	たたずまい	
［空気に包まれる］	池沿い	幾分
	小道	
半ば	ベンチ	何だか

2. 練習

1) 適当な形にして入れなさい。

過ごす	包まれる	訪れる	浴びる

①暖かい春の日を（　　　　　　　　　　　）、皆楽しそうだ。

②有名な画家の展覧会が開かれているので、多くの人がＡ美術館を
（　　　　　　　　　　）いる。

③この公園はいつも穏やかな空気に（　　　　　　　　　）いる。

2)

気配	住まい	幾分	半ば	息抜き

①仕事が忙しい時こそ（　　　　　　　　　　）が必要だ。

②友人の（　　　　　　　　　　）は駅に近くて、便利だ。

③９月も（　　　　　　　　）を過ぎ、日が短くなってきた。

④涼しい風が吹いて、秋の（　　　　　　　　　）を感じる。

内容を確かめよう

1. 内容が正しいものに○、正しくないものに×を書きなさい。
    1) (　　) 9月の半ばを過ぎると、朝晩幾分涼しくなる。
    2) (　　) 三井公園には毎日散歩に行く。
    3) (　　) 三井公園は自転車に乗って通り抜けできる。
    4) (　　) 公園のベンチに座って、本を読む人がいる。
    5) (　　) 公園はスポーツをする人が訪れる。

2. ☐から言葉を選び、段落の内容を完成しなさい。

    | 挨拶 | 入口 | ベンチ | 池 | 感想 | 子供たち | 休日 |

    例：第1段落　a：季節の（　挨拶　）。
    1) 第2段落　b：（　　　　）の朝、よく行く三井公園。
    2) 第3段落　c：公園の（　　　　）の様子。
    3) 第4段落　d：小さい（　　　　）の説明。
    4) 第5段落　e：小道を少し行ったところにある（　　　　）。
    5) 第6段落　f：（　　　　）が遊んでいる様子。
    6) 第7段落　g：公園についての（　　　　）。

3. a～gの段落を意味と内容から3つに分けなさい。

①初めに	
②詳しい説明	例：b
③意見・感想	

4. 本文の内容に合う公園の地図を選びなさい。

    ① 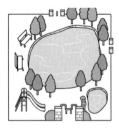　② 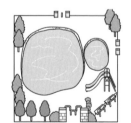　③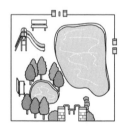

学習項目
がくしゅうこうもく

1. V_{マス}つつある （＝だんだん～ている）書き言葉で使われる。

動作や作用がある方向に変化していることを表す。
【変化する　変わる　増加する　増える　減少する　減る　なる】と
ともに使われることが多い。

Used in written language. Indicates that a movement or an effect is changing in a certain direction.
Often used with【変化する　変わる　増加する　増える　減少する　減る　なる】.
用于书面语中。表示动作或者作用正向某个方向变化。
多与【变化する　変わる　増加する　増える　減少する　減る　なる】这些动词搭配使用。
글말에 쓰임. 동작이나 작용이 어떤 방향으로 변화하고 있음을 나타냄.
【変化する　変わる　増加する　増える　減少する　減る　なる】와 같이 사용되는 경우가 많음.
Dùng trong ngôn ngữ viết. Diễn tả động tác hoặc tác dụng đang biến đổi theo một hướng nào đó.
Thường được dùng với【変化する　変わる　増加する　増える　減少する　減る　なる】.

① 三井公園も秋の気配を見せつつあります。
② 事故の原因は明らかになりつつある。
③ 仕事の価値観が変化しつつある。

2. Nを中心に （＝～を基点にして）

① 公園は大小2つの池を中心に造られています。
② 日本は東京を中心に経済が発展している。
③ 若い女性を中心に日本酒が注目されている。

3. V_タところに （＝場所　に）

① 池沿いの小道を少し行ったところにベンチがあります。
② まっすぐ行ったところにトイレがある。

☆ V_タところで （＝場所　で）

① 次の信号を渡ったところで、止めてください。

第5課 | 75

4.「意志動詞・無意志動詞」の整理

1）意志動詞　自分でするかしないかが決められる。

The speaker decides for him/herself whether or not to do something.
自己能够决定是否要做。
본인이 할 것인지 안 할 것인지를 결정할 수 있음.
Tự mình có thể quyết định có làm hay không.

① 休日の朝、よく公園へ行きます。
② いつか自分の会社を作りたい。
③ 明日、先輩に仕事について相談しようと思っている。

2）無意志動詞　例：ある・分かる・できる・行ける・見える・（雨が）降る・（風が）吹く

① 小道を少し行ったところにベンチがあります。
② ここから海が見える。
③ ゆうべから強い風が吹いている。

5. Ｎらしい・Ｎらしさ・Ｎらしく　いかにもそのようだ。典型的だ。

Very much like something. Typical.
确实像那样的，典型的。
마치 그런 것 같다. 전형적이다.
Trông có vẻ giống như vậy. Mang tính điển hình.

① 落ち葉がいっぱいで、何だか秋らしい景色でしょう。
② 学生なら学生らしく勉強しなさい。
③ この幼稚園では子供らしさを大切にしています。

6. 〜げ　（＝そう（様態））目上の人には使わない。

Appears to be. Not used when referring to someone of a higher status.
样态。不能用于尊长。
양태. 손윗사람에게는 사용하지 않음.
Trạng thái. Không dùng với người bậc trên.

接続

$$\begin{bmatrix} A \; \text{い} \\ Na \; \text{だ} \end{bmatrix} + \text{げ}$$

＊〔〜げ〕は「な形容詞」

例：楽しげ　悲しげ　寂しげ　恥ずかしげ　得意げ
① 子供たちが楽しげに遊んでいます。
② 彼は得意げな顔で最新のゲームソフトを見せた。

76　│　第5課

学習項目の練習

1．Vₘₐₛつつある

1）基本練習

例：この町の景気は回復する→この町の景気は回復し<u>つつある</u>。

①日本で働く外国人の数が増加する→

②若い人の仕事への意識が変化する→

③働く女性をサポートする団体が多くなる→

④最近、一人暮らしの人をターゲットにした商品が増える

→

2）書こう

テーマ：**変化しつつあるもの／こと**

学習	お金の支払い	寄付	仕事の意識
ファストフード	産業	（	）

例：最近私の国ではスマホを利用して、お金の支払いを済ませる人の数が増え<u>つつ</u>
<u>ある</u>。…

_____

_____

_____

_____

3）読もう

この町は野菜や果物を作る農家が多く静かな町であった。しかし、10年ぐら
い前から都市化が進み、町の風景や生活環境は変化しつつある。大企業の進出
で、人口が増加し、都市と同じような問題が起きている。

①都市化が進む前の町はどんな様子でしたか。

②都市化が進んだことで変化しつつあるものは何ですか。

第5課　77

2. Nを中心に
1）基本練習
例：日本は東京・経済が発展している
　　→日本は東京を中心に経済が発展している。

①この町は駅・商店街が東西に広がっている→
②鉄道の路線はA駅・東西南北に伸びている→
③この町は自動車産業・発展してきた→
④このアニメは中高生・人気を集めている→

2）読もう

> 東京
> 　日本の首都は東京である。東京は日本のほぼ中央部に位置し、面積は約2,189 km²、人口は約1,386万人だ。東京の中心部は皇居（江戸城跡）を中心に発展してきた。

①東京は日本のどこに位置していますか。
②東京の中心部はどこを中心に発展してきましたか。

3）書こう
テーマ：私の国の首都・町

| 首都の名前　　面積　　人口　　〜に位置している |
| 〜を中心に　　発展している |

_____
_____
_____
_____

3．Vₜところに／☆Vₜところで

1）基本練習

例1：まっすぐ行く・駅がある

　　　→まっすぐ行った<u>ところに</u>駅がある。

例2：まっすぐ行く・右へ曲がってください

　　　→まっすぐ行った<u>ところで</u>右へ曲がってください。

①右へ曲がる・コンビニがある

　　→

②信号を渡る・タクシーを降りた

　　→

③駅の改札口を出る・新しいタワーマンションがある

　　→

④橋を渡って、もう少し行く・休もう

　　→

2）応用練習1

①この坂を上ったところに＿＿＿＿＿＿＿＿＿＿＿＿＿＿＿＿＿＿＿

②＿＿＿＿＿＿＿＿＿＿ところに＿＿＿＿＿＿＿＿＿＿＿＿＿＿＿＿＿

3）応用練習2　☆Vₜところで

①階段を下りたところで＿＿＿＿＿＿＿＿＿＿＿＿＿＿＿＿＿＿＿＿＿

②＿＿＿＿＿＿＿＿＿＿ところで＿＿＿＿＿＿＿＿＿＿＿＿＿＿＿＿＿

第5課　｜　79

４．「意志動詞・無意志動詞」の整理

１）基本練習１

食べる　食べられる　行く
降りる　できる　ある　見える　見る
（風が）吹く　使う　分かる　聞く

①意志動詞

（例：食べる）（　　　　　）

（　　　　　）（　　　　　）

（　　　　　）（　　　　　）

②無意志動詞

（例：ある　）（　　　　　）

（　　　　　）（　　　　　）

（　　　　　）（　　　　　）

２）基本練習２

①右へ曲がったところに
- a. 大きい池がある。
- b. 大きい池を見よう。

②その信号を渡ったところで
- a. 交番がある。
- b. タクシーを止めてください。

③この公園には
- a. 子供が遊べる
- b. 子供が遊ぶ

ために、ブランコが設置してある。

④
- a. 日本語が上手になる
- b. 日本語を上手に話す

ように、夜遅くまで勉強している。

⑤健康のために、
- a. 何でも食べる。
- b. 何でも食べられる。

⑥ゆうべ、暑くて、
- a. 寝なかった。
- b. 寝られなかった。

80　｜　第５課

5. Nらしい・Nらしさ・Nらしく

1）応用練習

テーマ：日本らしいもの／こと・私の国らしいもの／こと

日本らしいもの／こと
例：着物
　　おじぎをしながら挨拶する
　　＿＿＿＿＿＿＿＿＿＿＿＿＿
　　＿＿＿＿＿＿＿＿＿＿＿＿＿

私の国らしいもの／こと
　　＿＿＿＿＿＿＿＿＿＿＿＿＿
　　＿＿＿＿＿＿＿＿＿＿＿＿＿
　　＿＿＿＿＿＿＿＿＿＿＿＿＿

2）聞こう　CD 17

① CDを聞いて、（　）に言葉を書きなさい。

　　かつてファッションには男らしさ、女らしさが求められていた。しかし、現在男女どちらでも（a.　　　　　）服が作られるようになった。これをユニセックス（b.　　　　　）という。また男性が化粧したり、（c.　　　　　）をつけたりしても、男らしくないと言う人は少なくなった。

② 以前求められていたファッションはどんなものでしたか。
③ 男性もするようになったのは何ですか。

3）書こう

テーマ：医者・（　　　　　　　）らしくないと思うこと

例：私の兄は医者だが、医者らしくないと思う。なぜかというと、お酒も毎晩たくさん飲んでいるし、体にいい食べ物も食べたがらない。しかも、運動は全くしない。…

＿＿＿＿＿＿＿＿＿＿＿＿＿＿＿＿＿＿＿＿＿＿＿＿＿＿＿＿＿＿＿＿＿＿＿＿＿
＿＿＿＿＿＿＿＿＿＿＿＿＿＿＿＿＿＿＿＿＿＿＿＿＿＿＿＿＿＿＿＿＿＿＿＿＿

6. ～げ

1) 読もう

楽しげな笑顔
旗手の田中選手

ずらりと並んだ国旗の中で輝く笑顔。五輪の閉会式で、日本選手団の旗手を務めた女子金メダリストの田中選手は、最後まで楽しげだった。

①日本選手団の旗手は誰でしたか。
②どんな様子でしたか。

2) 応用練習

絵を見て例のように書きなさい。

例:

（楽しげな）2人

①

（　　　　　）男の人

②

（　　　　　）女の人

チェックシート

／10

1. 朝晩涼しくなり秋の［気配（けはい）／気分（きぶん）］が感じられる。

2. 毎日、宿題がたくさんある。［暇（ひま）／息抜き（いきぬき）］のため、ゲームを少ししよう。

3. 山田さんの家族に会うと、温かい気持ちに［訪れる（おとずれる）。／包まれる（つつまれる）。］

4. 暑い毎日が続いていたが、［半ば（なかば）／幾分（いくぶん）］過ごしやすくなった。

5. 落ち葉がいっぱいあって、［何だか（なんだか）／何も（なにも）］秋らしい風景だ。

6. この町は駅［を／に］中心に大きくなった。

7. この道を少し行った［ところに／ところで］大型スーパーがある。

8. 日本で働く外国人の数が［増え（ふえ）／増える（ふえる）］つつある。

9. おじぎしながら、挨拶するのは、日本［らしい／だろう］習慣だ。

10. 運動会で、子供たちは［楽しみに（たのしみに）／楽しげに（たのしげに）］踊っている。

第5課 | 83

聴解タスクシート　CD 15

1. CD を聞いて、（　）に言葉を書きなさい。

1　　　9月の（　　　　　）を過ぎ、朝晩幾分涼しくなって過ごしやすくなりました。
　　　私の住む（　　　　　）の近くに三井公園という公園があります。アパー
トから歩いて公園を（　　　　　）して帰ってくると、（　　　　　）分ぐらい。
ちょうどいい散歩コースなので、休日の朝、よく行きます。その三井公園も
5　秋の（　　　　　）を見せつつあります。
　　　その公園を紹介します。最初の写真は公園の入口から撮ったものです。こ
の公園は自転車の通り抜け禁止なので、入口に自転車（　　　　　）止め
が作られています。
　　　公園は大小2つの池を（　　　　　）造られています。この写真は小
10　さいほうの池です。この池のほうが大きい池より自然に近く、静かなたたずま
いを漂わせています。
　　　池沿いの小道を少し行ったところに（　　　　　　　）があります。落
ち葉がいっぱいで、何だか秋らしい景色でしょう。このベンチに座って、（
　　　　　　）を浴びながら読書している人をよく見かけます。
15　　最後の写真は、子供たちが（　　　　　　）に遊んでいるものです。
　　　公園は息抜きに訪れる人が多いので、（　　　　　　）空気に包まれてい
ます。住まいの近くにこういう公園があるのは（　　　　　）ことです。

2. 質問を聞いて、答えを書きなさい。　CD 16

1) _____

2) _____

84 ｜ 第5課

作文　メールを出そう　　テーマ：近況報告

1. 手紙やメールには「季節の挨拶」を書く。
①〜⑨の「挨拶の言葉」は「春・夏・秋・冬」いつか書きなさい。

①朝晩幾分涼しくなって、過ごしやすくなりました。
②日増しに暖かさが増しています。
③木の葉もだんだんと赤や黄色に色づいてまいりました。
④新緑の季節になりました。　　⑤クリスマスソングも街に流れています。
⑥近年にない暑さが続いております。　　⑦寒さはこれからが本番です。
⑧いよいよ桜も満開になりました。　　⑨海山の恋しい季節になりました。

1) 春（3月〜5月）＿＿＿＿＿＿　　3) 秋（9月〜11月）＿＿＿＿＿＿
2) 夏（6月〜8月）＿＿＿＿＿＿　　4) 冬（12月〜2月）＿＿＿＿＿＿

2. 書きなさい。

例：

山本一郎　様／先生
（季節の挨拶）

　桜日本語学校の卒業生のリンです。学校ではいろいろお世話になりました。
いよいよ桜も満開になりましたが、山本先生お元気ですか。
　私はおかげさまで、元気に過ごしています。
（内容：話したいこと）
　今日は私がよく行く公園で写真を撮ったので、送ります。
　写真は、家の近くにある中川公園です。家から歩いて10分程度のところに
あります。ここには小さな川が流れていて、向こう側に行くための浮き橋が
あります。この橋を見ると、なぜか桜日本語学校の前にあった橋を思い出し
ます。それで、今私が一番好きな場所になりました。…
（終わりの挨拶）
　先生、気温の変化が激しい毎日です。くれぐれも
お体に気をつけてください。
　リン

第5課 | 85

送信(S)	差出人(M)	
	宛先(O)	
	ＣＣ(C)	
	件名(U)	

_____様／先生
　　　　　　　　　　さま　せんせい

（季節の挨拶）
　きせつ　あいさつ

_____

_____

（内容：話したいこと）
　ないよう　　はな

_____

_____

_____

_____

（終わりの挨拶）
　お

_____

_____

_____

（名前）
　なまえ

_____

86　│　第5課

プラスアルファ　　位置を表す言葉

1.

1) 名詞

[場所 / 人 / 物] の　[上・下・中・外・右・左 / 前・後ろ・北・南・東・西 / 斜め・裏・表・正面・向かい / 中心・周り・麓]　に　[いる / ある]

2) 動詞

[〔場所〕にＮが / Ｎは〔場所〕に]　[囲まれている・面している・位置している・伸びている・接している・並んでいる]

2. イラストを見て、□の言葉を（　）に書きなさい。

大学
バスターミナル

| 北　南　西　上　麓　斜め　周り |

この町は駅を中心に広がっている。駅の（例：斜め）前にはバスターミナルがある。バスターミナルの（①　　　）には高い建物が多い。この町の（②　　　）側には丘が、（③　　　）側には川がある。丘の（④　　　）には大学があり、また丘の（⑤　　　）には住宅街が広がっている。

第5課　87

3. 日本の地方名を書きなさい。

| 北海道 　　九州　　四国　　東北　　関東 |
| ほっかいどう　きゅうしゅう　しこく　とうほく　かんとう |

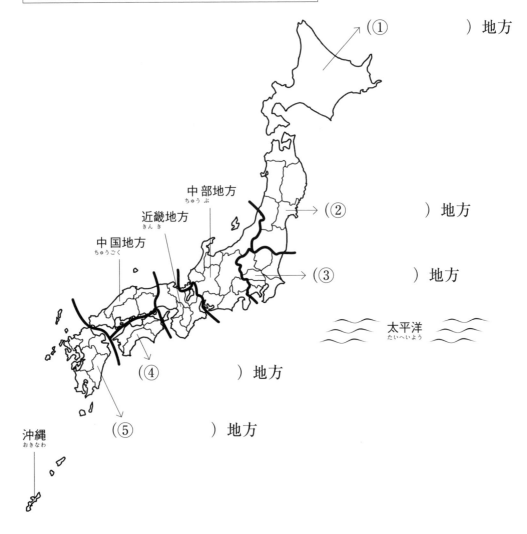

（①　　　　　）地方
（②　　　　　）地方
（③　　　　　）地方
（④　　　　　）地方
（⑤　　　　　）地方

4. 上の地図を見て、□の言葉を（　）に書きなさい。

| 囲まれている　接している　位置している　伸びている　面している |
| かこ　　　　せつ　　　　いち　　　　　の　　　　　　めん |

例：日本列島は南北に（　伸びている　）。
① 日本は周りを海に（　　　　　　　）。
② 中部地方は近畿・関東・東北地方に（　　　　　　　）。
③ 沖縄は九州地方の南に（　　　　　　　）。
④ 関東地方の東側と南側は太平洋に（　　　　　　　）。

第6課
この日に食べなきゃ、意味がない！

1. いつ次の食べ物を食べるか線で結びましょう。

①  ② ③ ④ ⑤

1月1日（お正月）　2月3日（節分）　2月14日（バレンタインデー）　7月20日前後（土用のうしの日）　12月25日（クリスマス）

・　　　　　・　　　　　・　　　　　・　　　　　・

・　　　　　・　　　　　・　　　　　・　　　　　・

a. b. c. d. 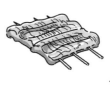 e.

太巻きずし　　お節料理　　ケーキ　　うなぎのかば焼き　　チョコレート

2.

1）あなたの国でお正月にはどんな物を食べますか。
2）あなたの国で特別な日に食べる物がありますか。

本文 CD 18

この日に食べなきゃ、意味がない！

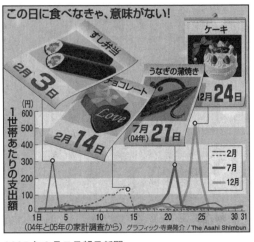
2005年8月7日朝日新聞

日本では1年中うなぎのかば焼きが買える。しかし、「土用のうしの日」（7月20日前後）にはその売り上げが年平均の20数倍にも跳ね上がるのだ。多くの人にとって、土用のうしの日は「うなぎを食べずにはいられない日」ということだろう。

土用のうしの日にうなぎを食べる習慣は江戸時代の「夏ばて防止にはうなぎがよい」という宣伝コピーから生まれたらしい。本当だとしたら、200年以上もその効果が続いていることになる。

短い期間に売り上げが集中するものは、うなぎの他に「バレンタインデーのチョコレート」「クリスマスのケーキ」などがあるが、最近定着しつつあるのが、「節分の太巻きずし」だ。これは元は関西にあった「恵方巻き」を食べるという習慣だ。「節分の日に恵方［縁起のいい方向］を向いて、太巻きずしを一気に食べると、その年に幸運が訪れる」と言われている。この関西の習慣を、大手コンビニチェーンが関東に持ち込んで、広めたのだ。

商業主義から生まれる新しい食生活の習慣は、「土用のうしの日のうなぎ」のように、200年後も残っているだろうか。

2005年8月7日 朝日新聞より一部加筆修正

ことばを確かめよう

1.

跳ね上がる	年平均	恵方
集中する	数倍	方向
定着する	江戸時代	幸運［〜が訪れる］
向く	夏ばて	大手
訪れる	防止［夏ばて〜］	コンビニチェーン
持ち込む	宣伝コピー	関東
広める	効果	商業
	期間	主義［商業〜］
1年中	節分	食生活
うなぎ	太巻きずし	
うなぎのかば焼き	元	縁起のいい
土用のうしの日	関西	
売り上げ	恵方巻き	一気に

2. 練習

1）適当な形にして入れなさい。

> 持ち込む　　向く　　定着する　　集中する　　跳ね上がる

①数年前に関西の習慣をコンビニチェーンが関東に（　　　　　　　　）。

②バレンタインデーにチョコレートを贈る習慣は、すっかり（　　　　　　　　）

いる。

③バターが不足しているので、お菓子類の値段が（　　　　　　　　）いる。

④Ａ選手はいつも試合の前に好きな音楽を聞いて（　　　　　　　　）いる。

2）

> 主義　　効果　　生活　　防止　　宣伝

①健康を考えて、（食　　　　　　　　）を見直す人が増えている。

②（夏ばて　　　　　　　　）のために焼き肉をいっぱい食べた。

③関東の「節分の太巻きずし」は（商業　　　　　　　　）から生まれた習慣だ。

④土用のうしの日にうなぎを食べる習慣は200年以上前の（　　　　　　　　コ

ピー）から生まれたらしい。

第6課 | 91

内容を確かめよう

1. 内容が正しいものに○、正しくないものに×を書きなさい。

　　1)（　　　）日本ではうなぎは夏しか買えない。

　　2)（　　　）多くの日本人は、土用のうしの日にはうなぎを食べずにいられない。

　　3)（　　　）うなぎを食べる習慣は 100 年前からだ。

　　4)（　　　）「節分の太巻きずし」は関東から関西に広まった。

　　5)（　　　）日本には特別な日に特別なものを食べる習慣がある。

2. ◻から言葉を選び、段落の内容を完成しなさい。

理由	効果	うなぎ	食生活	食べ物

　　1) 第1段落：「土用のうしの日」は（　　　　　）を食べずにはいられない日。

　　2) 第2段落：「土用のうしの日」にうなぎを食べるようになった（　　　　　）。

　　3) 第3段落：短い期間に売り上げが集中する（　　　　　）。

　　4) 第4段落：新しい（　　　　　）の習慣のこれから。

3. 11 行目の「その効果」の「その」は何ですか。

　　①夏ばて防止　　　②宣伝コピー　　　③江戸時代

4. 14 行目の「これ」は何ですか。

　　①バレンタインデーのチョコレート

　　②クリスマスのケーキ

　　③節分の太巻きずし

5. 16 行目の「その年」はいつですか。

　　①太巻きずしを食べた次の年

　　②太巻きずしを食べた年

　　③毎年

92　｜　第 6 課

学習項目
がくしゅうこうもく

1. 話し言葉
はなことば

本ではない ほん	本じゃない	食べています	食べてます
食べてしまった た	食べちゃった	食べている	食べてる
飲んでしまった の	飲んじゃった	食べておく	食べとく
食べなければ	食べなきゃ	食べておいて	食べといて

しかし、だが、が	だけど、けど	食べるのだ	食べるんだ
けれども	でも		
ですから	だから		

①この日に食べなきゃ、意味がない。
　ひ　　　　　　　　　いみ
②あっ、宿題忘れちゃった。
　　　しゅくだいわす
③これは私のボールペンじゃない。
　　　わたし

2. N にとって　　〜の立場から見ると。判断や評価が後ろに続く。
　　　　　　　　　　たちば　み　　はんだん　ひょうか　うし　つづ

From the standpoint of ~. Followed by a judgment or evaluation.
站在⋯⋯的立场来看。后文接做出判断或者评价的内容。
〜의 입장에서 보면. 뒤에 판단이나 평가의 표현이 옴.
Nhìn từ lập trường của ~. Phía sau là phán đoán hoặc đánh giá.

①多くの人にとって、土用のうしの日は「うなぎを食べずにはいられない日」とい
　おお　ひと　　　　　どよう
　うことだろう。
②留学生にとって日本の物価が高いのは問題だ。
　りゅうがくせい　　　にほん　ぶっか　たか　　　もんだい
③あなたにとって一番大切なことは何ですか。
　　　　　　　　いちばんたいせつ　　　　なん

3. Vﾅｲずに(は)いられない　　(=〜ないではいられない)

＊する→せずにはいられない

①「土用のうしの日」にはうなぎを食べずにはいられない。

②彼女の悲しい話を聞いた時、涙を流さずにはいられなかった。
　かのじょ　かな　　はなし　き　　とき　なみだ　なが

③入院した友人を思うと、心配せずにいられない。
　にゅういん　ゆうじん　おも　　　しんぱい

第6課 | 93

4. 〜らしい　情報に基づく判断・伝聞。話している事柄に対して他人事であるという距離感がある。

Judgment or hearsay based on objective information. Indicates the speaker is at a distance from what has happened or been said and referring to a third party.

根据信息做出的判断或者转述传闻。对于所述述的事物，有一种与己无关的第三者的距离感。

어떤 정보를 근거로 한 판단이나 전문. 말하는 내용이 화자와 직접 관계가 없다는 거리감을 나타냄.

Phán đoán hoặc truyền đạt căn cứ vào thông tin đã có. Có cảm giác xa cách đối với sự việc đang nói đến vì việc của người khác.

接続

$$\begin{bmatrix} 普通形 \\ （Na／Nだ） \end{bmatrix} ＋らしい$$

① うなぎを食べる習慣は江戸時代の宣伝コピーから生まれたらしい。

② うわさでは、あの2人は結婚するらしい。

③ あの交差点に人がたくさん集まっている。事故らしい。

5. 〜としたら　仮定条件

Subjunctive condition

假定条件

가정 조건

Điều kiện giả định

接続

$$普通形＋としたら$$

① 本当だとしたら、200年以上もその効果が続いていることになる。

② 生まれ変わるとしたら、女性がいいですか、男性がいいですか。

③ 今年も留学するのが無理だとしたら、今度こそ就職しなければならない。

6. Vル／Vナイない（という）ことになる　推論の結果

The outcome of an inference

推论的结果

추론의 결과

Kết quả của sự suy đoán

① 本当だとしたら、200年以上もその効果が続いていることになる。

② このままうなぎの漁獲量が減り続けたら、土用のうしの日にうなぎが食べられないことになるだろう。

③ 彼からパーティー参加の返事が今日中に来なかったら、彼は参加しないということになる。

94 ｜ 第6課

☆1 ～ことになっている　規則など、他者に決定されたことを表す。

Expresses something decided by someone or something else, such as rules.
表示根据规则等由别人决定的事情。
규칙 등 타인이 정한 내용임을 나타냄.
Diễn tả sự việc được quyết định bởi người khác, chẳng hạn như quy tắc

①私の会社では夏休みは1週間取れることになっている。

☆2 ～ことにしている　自分で決めた個人的な習慣を表す。

Expresses a personal habit that the speaker has chosen to do him/herself.
表示自己决定的个人习惯。
본인이 정한 개인적인 습관을 나타냄.
Diễn tả thói quen mang tính cá nhân do bản thân quyết định.

①私は夕方1時間、健康のためにジョギングをすることにしている。

7．グラフの言葉

1) 円グラフ

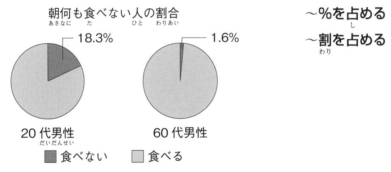

厚生労働省「平成29年国民健康・栄養調査結果の概要」に基づく

①朝何も食べない人は、60代の男性では1.6%だが、20代の男性では18.3%を占めている。

2) 折れ線グラフ

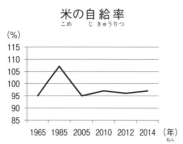

農林水産省「平成29年度食料自給率（品目別自給率等）」に基づく

増える⇔減る
増加する⇔減少する
伸びる
跳ね上がる
伸びが目立つ
うなぎ上りだ
ほぼ横ばいだ

①米の自給率は最近**ほぼ横ばい**である。

3) 棒グラフ

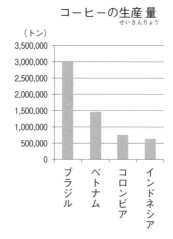

国連食糧農業機関（FAO）2016年調査に基づく

最大
次いで
以下～と続く

①コーヒーの**最大**の生産国はブラジルで、**次いで**ベトナム、**以下**コロンビア、インドネシア**と続く**。

学習項目の練習

1. 話し言葉
1）基本練習
①話し言葉が例以外に6つあります。例のように線を書きなさい。

君たちのような成長期の時期に朝食を食べないのが例：<u>習慣化しちゃう</u>と、悪い影響が起こるよ。まず、記憶力が悪くなっちゃうし、落ち着きもなくなるよ。だから、朝食は食べなきゃいけない。だけど、朝食をとらない人が多くなってる。みんな、朝早く起きて、しっかり朝ご飯を食べることが大切なんだよ。

②話し言葉を例のように直しなさい。
例：習慣化しちゃう→習慣化してしまう

a. _____
b. _____
c. _____
d. _____
e. _____
f. _____

2. Nにとって

1）応用練習1

①私にとって大切なものは ｢例：家族や友人です。
　　　　　　　　　　　　｣＿＿＿＿＿＿＿＿＿＿＿＿＿＿＿＿＿＿＿＿＿

②外国で生活する人にとって大変なことは ｢例：習慣が違うことだ。
　　　　　　　　　　　　　　　　　　　｣＿＿＿＿＿＿＿＿＿＿＿＿＿＿

2）応用練習2

絵を見て、誰にとって使いやすいか／分かりやすいかを考えなさい。

例：本棚　　　　　　　　①点字ブロック　　　　　②トイレ

（子供にとって使いやすい。）　（　　　　　　　　　）　（　　　　　　　　　）

3）読もう

> 「あなたにとって「食」はどんな意味を持ちますか。」と友達に聞いてみた。一番多い意見は「健康のために必要」だった。次は「家族の健康や家族とのきずなのため」だった。また日本には四季があるので、「季節感を大切にする」とか「旬の食材を味わう」という季節に関係する意見も多かった。

①一番多い意見は何ですか。
②季節に関係する意見はどんな意見ですか。
③あなたにとって「食」はどんな意味を持ちますか。

3．V_{ナイ} ずに(は)いられない

1）応用練習1

例：暑くて寝られない。クーラーを（　つけ　）ずにはいられない。

①国の家族から大好きなお菓子が送られてきた。ダイエット中だが、

（　　　　　　　　　　　　　）ずにはいられない。

②テレビで好きなサッカーチームの試合を中継している。あしたは試験があるが、

（　　　　　　　）ずにはいられない。

③先生に褒められた。とてもうれしかったから、家族に（　　　　　　　）ずにいられな

かった。

④彼の秘密の話を聞いた。誰かに（　　　　　　　　　　）ずにいられない。

2）応用練習2

例：買い物せずにはいられない人のことを買い物依存症という。

①＿＿＿＿＿＿＿＿＿＿＿＿＿＿＿＿＿＿＿＿＿人のことをネット依存症という。

②＿＿＿＿＿＿＿＿＿＿＿＿＿＿＿＿＿＿人のことをアルコール依存症という。

3）書こう

テーマ：食べず・飲まず・買わず・（　　　　　）ずにはいられないもの

例：大好きなテレビドラマのDVDが発売されたら、買わずにはいられない。…

＿＿＿＿＿＿＿＿＿＿＿＿＿＿＿＿＿＿＿＿＿＿＿＿＿＿＿＿＿＿＿＿＿＿＿＿＿＿

＿＿＿＿＿＿＿＿＿＿＿＿＿＿＿＿＿＿＿＿＿＿＿＿＿＿＿＿＿＿＿＿＿＿＿＿＿＿

＿＿＿＿＿＿＿＿＿＿＿＿＿＿＿＿＿＿＿＿＿＿＿＿＿＿＿＿＿＿＿＿＿＿＿＿＿＿

4．〜らしい

1）基本練習1

例：事務所の電気が消えている。みんな（帰りました→帰ったらしい）。

①音楽が聞こえる。彼は音楽を（聞いています→　　　　　　　　　　　　　　　　）。

②彼はいつも1人でいる。友達が（いません→　　　　　　　　　　　　　　　　）。

③彼は何も食べない。気分が（悪いです→　　　　　　　　　　　　　　　　）。

④電車が来ない。（事故です→　　　　　　　　　　　　　）。

⑤彼女は優しそうな目をして子供を見る。子供が（好きです→　　　　　　　　　）。

2）基本練習2

①患者：あのう、おとといから頭が痛いんですが……。

医者：じゃ、ちょっと診てみましょう。

ああ、$\begin{bmatrix} \text{a．風邪らしい} \\ \text{b．風邪} \end{bmatrix}$ですね。

②うわさによると、あの店のケーキは $\begin{bmatrix} \text{a．おいしそうだ。} \\ \text{b．おいしいらしい。} \end{bmatrix}$

③10月なのに、今日は暑くて $\begin{bmatrix} \text{a．夏らしい。} \\ \text{b．夏みたいだ。} \end{bmatrix}$

④A：木村さん $\begin{bmatrix} \text{a．うれしそうね。} \\ \text{b．うれしいらしい} \end{bmatrix}$ ね。

B：そうだね。何かいいことがあったらしいよ。

5．〜としたら

1）基本練習

例：本当です・200年以上も宣伝効果が続いていることになる
　→本当だとしたら、200年以上も宣伝効果が続いていることになる。

①データの取り方がおかしいです・正しい結果になるわけがない
　→

②自分の会社を作ります・世界中の花を売る会社を作りたい
　→

③金持ちになりました・どんなことをしたいですか
　→

④「詐欺事件」のニュースを見ていませんでした・この話に簡単にだまされていただろう
　→

2）書こう

___に書いて、友達と話しなさい。

例

　動物に生まれ変わるとしたら何になりたい？　そうですね。象になりたいです。体は大きいけど、優しい目をしていて、みんなに愛されていますから。

①

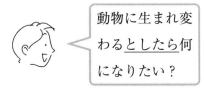　動物に生まれ変わるとしたら何になりたい？　そうですね。_____　

6．Vﾙ／ Vﾅｲない （という）ことになる

1）基本練習1

例：この話が本当だとしたら、（　c　）

① 1日に水を2ℓ飲むとしたら、（　　　）

② 手洗い、うがいをしないと、（　　　）

③ 消費期限を過ぎた食品は売れないので、（　　　）

---

a. 病気になる可能性が増えることになる。

b. 廃棄処分されることになる。

~~c.~~ 200年以上も宣伝効果が続いていることになる。

d. 1か月に60ℓも飲むことになる。

2）聞こう　CD 20

① CDを聞いて、（　　）に言葉を書きなさい。

　1日の摂取カロリーは（a.　　　　　　）・性別・仕事の内容によって違う。例えば、20代の男性は約（b.　　　　）キロカロリー、女性は約（c.　　　　　　）キロカロリー、取らなければならない。男性は朝・昼・晩それぞれ約（d.　　　　　）キロカロリー取れば、1日に必要なカロリーが取れることになる。

---

② 正しいものに○、正しくないものに×を書きなさい。

ア．1日の摂取カロリー量は年齢が違っても変わらない。（　　）

イ．20代の女性は男性ほどカロリーを取らなくてもよい。（　　）

ウ．20代の男性は朝、昼、晩300キロカロリーずつ取ればよい。（　　）

3) 基本練習2
☆～ことになっている／～ことにしている

① 体にいいので、毎日野菜をたくさん食べる（　ことになっている　ことにしている　）。

② 日本では車は左側を走る（　ことになっている　ことにしている　）。

③ 日本の学校給食では、生で食べる野菜や果物以外は安全を考えて、加熱する（　ことになっている　ことにしている　）。

④ 私は健康のために、食事の時よくかむ（　ことになっている　ことにしている　）。

7. グラフの言葉
1) 聞こう　CD 21
CDを聞いて、正しいグラフを選びなさい。

①
 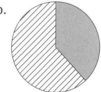 

②
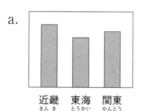 
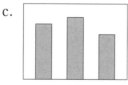 

③ a. 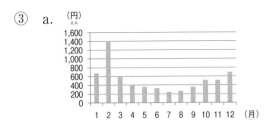　b.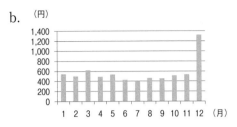

c. 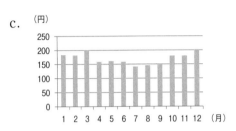　d.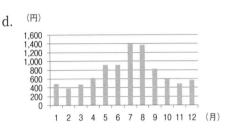

総務省統計局「2017年家計調査（二人以上の世帯）」に基づく

2）書こう

月別コンビニ利用客数（2016年）

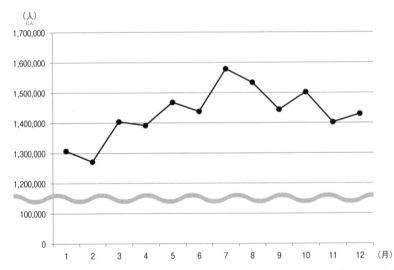

一般社団法人日本フランチャイズチェーン協会「2016年JFAコンビニエンスストア統計調査月報」に基づく

コンビニを利用する客の数は①＿＿＿＿＿月が最も多く、次いで②＿＿＿＿＿が多く、以下③＿＿＿＿＿＿＿＿＿＿、④＿＿＿＿＿＿＿と続く。

チェックシート

/10

1. 宣伝コピーの $\begin{bmatrix} 効果 \\ 結果 \end{bmatrix}$ は 200 年以上も続いているらしい。

2. テレビで紹介されたので、この店の売り上げは
$\begin{bmatrix} 一度に \\ 一気に \end{bmatrix}$ 5倍に $\begin{bmatrix} 跳ね上がった。 \\ 広めた。 \end{bmatrix}$

3. アイスクリームは昔、外国の人 $\begin{bmatrix} に \\ が \end{bmatrix}$ 日本 $\begin{bmatrix} に \\ で \end{bmatrix}$ 持ち込んだと言われている。

4. 留学生 $\begin{bmatrix} だとしたら \\ にとって \end{bmatrix}$ 日本の物価の高さは問題だ。

5. このまま人口が減り続けたら、この町はいつかなくなってしまう
$\begin{bmatrix} ことになる \\ ことではない \end{bmatrix}$ だろう。

6. 明日は、朝早くから会議があるから、早く $\begin{bmatrix} 起きなきゃ。 \\ 起きちゃ。 \end{bmatrix}$

7. 国から大好きなお菓子が送られてきたので、$\begin{bmatrix} 食べない \\ 食べ \end{bmatrix}$ ずにはいられない。

8. 彼はいつもあの歌を聞いている。あの歌が $\begin{bmatrix} 好きな \\ 好き \end{bmatrix}$ らしい。

第6課 | 105

聴解タスクシート　CD 18
ちょうかい

1. CDを聞いて、（　）に言葉を書きなさい。
き　　　　　　　　ことば　か

1　　日本では（　　　　）うなぎのかば焼きが買える。しかし、「土用のうしの
にほん　　　　　　　　　　　　　　や　　か　　　　　　　　　　　　　どよう
　日」（7月20日前後）にはその売り上げが年平均の20（　　　　）にも跳ね
ひ　がつはつかぜんご　　　　　う　あ　　ねんへいきん　　　　　　　　　　　は
　上がるのだ。多くの人にとって、土用のうしの日は「うなぎを（　　　　）
あ　　　　おお　ひと　　　　　　どよう　　　ひ
　にはいられない日」ということだろう。
ひ

5　　土用のうしの日にうなぎを食べる（　　　　）は江戸時代の「夏ばて防止に
どよう　　ひ　　　　　た　　　　　　　　えどじだい　　なつ　　ぼうし
　はうなぎがよい」という宣伝（　　　　）から生まれたらしい。本当とし
せんでん　　　　う　　　　　　　ほんとう
　たら、（　　　　）以上もその効果が続いていることになる。
いじょう　　こうか　つづ

　　短い期間に売り上げが集中するものは、うなぎの他に「バレンタインデー
みじか　きかん　う　あ　しゅうちゅう　　　　　　ほか
　の（　　　　）」「クリスマスの（　　　　）」などがあるが、最
さい

10　近定着しつつあるのが、「節分の太巻きずし」だ。これは元は（　　　　）に
きんていちゃく　　せつぶん　ふとま　　　　　　もと
　あった「恵方巻き」を食べるという習慣だ。「節分の日に恵方〔（
えほうま　　　た　　　　　しゅうかん　せつぶん　ひ　えほう
　）方向〕を向いて、太巻きずしを一気に食べると、その年に幸運が訪れる」
ほうこう　む　　ふとま　　いっき　た　　　　　とし　こううん　おとず
　と言われている。この関西の習慣を、大手（　　　　）が関東に持ち
い　　　　　かんさい　しゅうかん　おおて　　　　　かんとう　も
　込んで、広めたのだ。
こ　　ひろ

15　　商業主義から生まれる新しい（　　　　　　）の習慣は、「土用のう
しょうぎょうしゅぎ　う　　あたら　　　　　　　　しゅうかん　どよう
　しの日のうなぎ」のように、200年後も残っているだろうか。
ひ　　　　　　　ねんご　のこ

2005年8月7日　朝日新聞より一部加筆修正

2. 質問を聞いて、答えを書きなさい。　CD 19
しつもん　き　　こた　か

1) _____

2) _____

106　│　第6課

作文　テーマ：正月料理・特別な料理

1. 書きなさい。

第1段落　日本の正月料理・特別な料理

第2段落　私の国の正月料理・特別な料理

第3段落　私が好きな正月料理・特別な料理

第4段落　料理についての感想

　　日本ではお正月に「お節料理」を食べるそうだ。それぞれの料理には、家族みんなが元気に1年過ごせるようにというような意味がある。

　　一方、私の国では（例：お正月　　　　　　　　）に＿＿＿＿＿＿＿＿＿＿＿

＿＿＿＿＿＿＿＿＿＿＿＿＿＿＿＿＿＿＿＿＿＿＿＿＿＿＿＿＿＿＿＿＿＿＿＿＿

　　この＿＿＿＿＿＿＿は＿＿＿＿＿＿＿＿＿＿＿＿＿＿＿＿＿＿＿＿＿＿＿＿＿

＿＿＿＿＿＿＿＿＿＿＿＿＿＿＿＿＿＿＿＿＿＿＿＿＿＿＿＿＿＿＿＿＿＿＿＿＿

＿＿＿＿＿＿＿＿＿＿＿＿＿＿＿＿＿＿＿＿＿＿＿＿＿＿＿＿＿＿＿＿＿＿＿＿＿

＿＿＿＿＿＿＿＿＿＿＿＿＿＿＿＿＿＿＿＿＿＿＿＿＿＿＿＿＿＿＿＿＿＿＿＿＿

＿＿＿＿＿＿＿＿＿＿＿＿＿＿＿＿＿＿＿＿＿＿＿＿＿＿＿＿＿＿＿＿＿＿＿＿＿

＿＿＿＿＿＿＿＿＿＿＿＿＿＿＿＿＿＿＿＿＿＿＿＿＿＿＿＿＿＿＿＿＿＿＿＿＿

＿＿＿＿＿＿＿＿＿＿＿＿＿＿＿＿＿＿＿＿＿＿＿＿＿＿＿＿＿＿＿＿＿＿＿＿＿

＿＿＿＿＿＿＿＿＿＿＿＿＿＿＿＿＿＿＿＿＿＿＿＿＿＿＿＿＿＿＿＿＿＿＿＿＿

＿＿＿＿＿＿＿＿＿＿＿＿＿＿＿＿＿＿＿＿＿＿＿＿＿＿＿＿＿＿＿＿＿＿＿＿＿

＿＿＿＿＿＿＿＿＿＿＿＿＿＿＿＿＿＿＿＿＿＿＿＿＿＿＿＿＿＿＿＿＿＿＿＿＿

＿＿＿＿＿＿＿＿＿＿＿＿＿＿＿＿＿＿＿＿＿＿＿＿＿＿＿＿＿＿＿＿＿＿＿＿＿

＊話す時は丁寧体で。

2. 自分の作文を読みなさい。友達の作文を聞き、質問しなさい。

第6課　｜　107

プラスアルファ　味を表す言葉・食事の言葉

1. 味を表す言葉

苦い　濃い⇔薄い　すっぱい　さっぱりしている⇔油っこい

例：わあ、このレモン（　すっぱい　）ねえ。

1) A：早く薬を飲みなさい。B：うーん、（　　　　　）から嫌だよ。
2) A：このラーメンおいしいね。
   B：油っこくなくて、（　　　　　）ね。
3) A：この店の味、ちょっと濃いね。
   B：うん、そうね。私も（　　　　　）味のほうが好き。

2. 食事の言葉

次の言葉の意味が分かりますか。

外食　中食　期間限定　食べ放題　飲み放題

例：（　外食　）って何ですか。　→　レストランなどで食事するということです。

① （　　　　　）って何ですか。　→　お弁当や料理を買って来て、家で食べるということですよ。

② （　　　　　）って何ですか。　→　一定のお金を払えば、好きなだけ食べられるということだよ。

③ （　　　　　）って何ですか。　→　一定のお金を払えば、好きなだけ飲めるということだよ。

④ （　　　　　）って何ですか。　→　決まった期間だけ食べられるということだよ。

第7課 お相撲さんの世界

1. スポーツ選手には下のどんなことが必要だと思いますか。

① 明るくて社交的だ
② 冷静だ
③ 活動的だ
④ 器用だ
⑤ 体力がある
⑥ リーダーシップがある
⑦ リズム感がある
⑧ 食べることに関心がある
⑨ 学ぶことが好きだ
⑩ 人の世話が好きだ
⑪ 物を作るのが好きだ
⑫ 自然や動物が好きだ
⑬ 運動神経がいい
⑭ ストレスに強い
⑮ 他の人のことが気にならない
⑯ 感じ方や考え方が個性的だ
⑰ 一人で努力が続けられる

2. 関心がある職業は何ですか。それには上のどんなことが必要だと思いますか。

アイドル

アニメーター・漫画家

ユーチューバー

看護師・医師

コック・料理人

サッカー選手

教師

IT エンジニア

本文 CD 22

お相撲さんの世界

どんな職業にも大変な面と面白い面がある。相撲取りの世界もこの二面性がある点は同じだ。

まず部屋という組織に入門する。入門してしばらくの間は、朝から晩まで同じ部屋の人と同じ所で寝食を共にする。新人の弟子たちに与えられる仕事は多い。毎朝4時半に起き、朝食は食べずに朝稽古をする。冬の寒い時でも裸ではだし。砂だらけ傷だらけになって頑張る。それが終わるのが11時。その後風呂場で兄弟子たちの背中を流す。風呂に入るのは一番最後。食事当番は食事を作る。食器などの後片付けの後、兄弟子たちが昼寝をしている間に掃除や洗濯。それが終わった後で、夕方まで昼寝をするのだが、これは体を休め**ないと**、太れ**ない**からだ。当番は夕食も作らなければならない。再び後片付けをして、ようやく眠りにつく。朝が来る**たびに**、同じことを繰り返す。

食べる量もすごい。肉類・魚介類・豆腐・野菜類などを大量に入れた「ちゃんこ」と呼ばれる料理をたっぷり食べる。それ**に加え**、体重が少ない新人力士は寝る前に最低お茶漬け2杯とバナナ10本**は**食べる**ように**言われる。新人の中には泣きながら食べる力士もいる。

しかし、強くなってくると、相撲が面白くなる。面白いから、さらに稽古を重ねる。すると、もっと勝てるようになり、勝てば、番付が上がる。番付が上がれば、給料も上がり、勝った時賞金がもらえるようになり、頑張ったことがはっきり形になって表れ**てくる**。だから面白い。

旭鷲山昇著、宮田修監修『土俵の上から見た不思議なニッポン人』扶桑社、2000 より一部加筆修正
参考：日本相撲協会公式 website: http://www.sumo.or.jp/

110 | 第7課

ことばを確かめよう

1.

入門する［相撲部屋に～］
弟子
魚介

共にする
朝稽古
豆腐

与える（→与えられる）
裸
体重

流す［背中を～］
はだし
力士

つく［眠りに～］
砂
最低

繰り返す
風呂場
お茶漬け

重ねる［稽古を～］
兄弟子
番付

表れる［形に～］
背中

当番
再び

面
食器
ようやく

相撲取り
後片付け
大量に

二面性
昼寝
たっぷり

組織
夕食
さらに

寝食［～を共にする］
眠り

新人
～類
すると

2. 練習

1）適当な形にして入れなさい。

共にする　　重ねる　　つく　　与える　　流す

①他の人の背中を洗うことを「背中を（　　　　　）」と言う。

②動物に餌を（　　　　　）ないでください。

③スポーツは練習を（　　　　　）と、だんだん勝てるようになる。

④職場の人と時々食事を（　　　　　）と、人間関係が深くなると思う。

2）

再び　　はっきり　　ようやく　　大量に

①イベントの後、ごみが（　　　　　）出た。

②仕事が忙しかったが、（　　　　　）暇になったので、旅行に行った。

③このサッカーチームは去年初めて優勝した。そして今年も（　　　　　）優勝できた。

第7課 | 111

内容を確かめよう

1. 内容が正しいものに〇、正しくないものに×を書きなさい。

1) (　　) 新人の相撲取りに与えられる仕事は少なくない。

2) (　　) 相撲取りは「ちゃんこ」と呼ばれている料理を食べる。

3) (　　) 昼寝は、したい人がしたい時にする。

4) (　　) 番付が上がらなければ、給料は上がらない。

2. ⬚から言葉を選び、段落の内容を完成しなさい。

生活	面白さ	二面性	食事

1) 第1段落：職業には（　　　　　）があること。

2) 第2段落：新人の相撲取りの（　　　　　）。

3) 第3段落：相撲取りの（　　　　　）。

4) 第4段落：相撲で頑張ったことが形になる（　　　　　）。

3. 新人の弟子たちが毎日すること（a～e）を順番に並べなさい。

（① 　b 　）→（② 　　　）→（③ 　　　）→（④ 　　　）→（⑤ 　　　）

a. 昼寝をする

b. 朝稽古をする

c. 風呂場で兄弟子たちの背中を流す

d. 掃除や洗濯をする

e. 食事を作り、後片付けもする

4. 8行目の「それ」は何ですか。

①寝食　　　②朝稽古　　　③風呂

5. 11行目の「それ」は何ですか。

①掃除や洗濯　　　②昼寝　　　③食器の後片付け

6. 16行目の「それ」は何ですか。

①ちゃんこ　　　②お茶漬け　　　③バナナ

112 ｜ 第7課

学習項目
がくしゅうこうもく

1．N だらけ　同質のものが多量に存在していてよくない状態。
どうしつ　　　　　　　　　たりょう　そんざい　　　　　　　　　　じょうたい

Indicates that something has a lot of something similar, which is undesirable.
同类的东西大量存在，不太好的状态。
비슷한 것들이 많이 있는 안 좋은 상태를 나타냄.
Trạng thái không tốt khi tồn tại những thứ đồng nhất với số lượng nhiều.

①砂だらけ傷だらけになって頑張る。
　すな　　きず　　　　　　　　　がんば
②大雨の中を歩いたので、靴が泥だらけになった。
　おおあめ　なか　ある　　　　　　くつ　どろ
③上司に「間違いだらけのレポートだ」と叱られた。
　じょうし　　まちが　　　　　　　　　　　　　しか

2．Vナイないと、Vナイないからだ

①これは体を休めないと、太れないからだ。
　　　　からだ　やす　　　　　ふと
②大好きな酒をやめたのは、やめないと、命の保証がないからだ。
　だいす　　さけ　　　　　　　　　　　　　いのち　ほしょう
③ここは車の普及率が高い。その理由は交通が不便で、車がないと、生活できな
　　　　くるま　ふきゅうりつ　たか　　　　　りゆう　こうつう　ふべん　　　　　　　　　せいかつ
いからだ。

3．Vル／N の　たびに　（＝～の時はいつも）日常的で当たり前のことには使わない。
　　　　　　　　　　　　　　とき　　　　にちじょうてき　あ　　まえ　　　　　　つか
　　　　　　　　　　　　例：×朝起きるたびに、顔を洗う。
　　　　　　　　　　　　れい　　あさお　　　　　　かお　あら

Cannot be used for expected, everyday matters.
不能用于日常生活中理所当然会做的事情上。
일상적이고 당연한 일에 대해서는 사용하지 않음.
Không dùng cho sự việc hiển nhiên mang tính thường nhật.

①新人の弟子たちは朝が来るたびに、同じことを繰り返す。
　しんじん　でし　　　　　あさ　く　　　　　　おな　　　　　く　かえ
②私は試験のたびに、胃が痛くなる。
　わたし　しけん　　　　　い　いた
③この映画は見るたびに、涙が出る。
　　　えいが　み　　　　　　なみだ　で

第7課 ｜ 113

4. ～に加え(て)　今まであったものに別のものを加える。書き言葉で使われる。

Indicates that something has been added to what already exists. Used in written language.
表示在原有事物上加入其他的事物，用于书面语。
지금까지 있었던 것에 다른 것을 추가함. 글말에 쓰임.
Thêm cái khác vào cái đã có sẵn từ trước, dùng trong ngôn ngữ viết.

接続

$$\left[\begin{array}{l} V_{ル}・V_{ナイ}ない・V_{タ} \\ A い \\ Na な \\ N \end{array}\right] + の \quad + に加え（て）$$

① 食事に加え、体重が少ない新人力士は寝る前にお茶漬けとバナナを食べるように言われる。

② A氏は働く意欲が欠けているのに加え、社会常識もない。

③ 日本の夏は暑いのに加えて、湿度が高いので、過ごしにくい。

5. (数字)は　最低でもこれだけは必要だという数値。

Indicates that the number or amount is the bare minimum needed.
表示至少需要这些的数值。
최소한 필요한 수를 나타냄.
Trị số tối thiểu cần thiết.

① 新人力士は寝る前に、最低お茶漬け2杯とバナナ10本は食べる。

② 小さい子供は毎日10時間は寝たほうがいい。

6. V_{ル}／V_{ナイ}ない　ように　依頼・命令・禁止の内容を述べる。

States the content of a request, command or prohibition.
阐述请求、命令、禁止的内容。
의뢰·명령·금지하는 내용을 말함.
Nêu nội dung nhờ vả, mệnh lệnh hoặc cấm đoán.

① 最低バナナ10本は食べるように言われる。

② 学生たちは先生に遅刻しないように何度も注意された。

7. V_{テ}くる　今までなかった／見えなかったものが現れる。

Indicates the appearance of something that did not previously exist or was not previously visible.
出现了之前没有或者没有显现出来的事物。
지금까지 없었던/보이지 않았던 것이 출현함을 나타냄.
Xuất hiện sự vật trước nay chưa từng có/chưa từng nhìn thấy.

① 頑張ったことが形になって表れてくる。

② 春になると、木の芽がたくさん出てくる。

114 ｜ 第7課

8.「接続詞・副詞」の整理

接続詞 ┌ だから　　すると　　したがって　　そのため
　　　　└ しかし　　だが

①稽古を重ねる。**すると**、もっと勝てるようになる。

副　詞 ┌ まず　　再び　　ようやく　　たっぷり　　大量に
　　　　└ さらに　　はっきり

①「ちゃんこ」と呼ばれる料理を**たっぷり**食べる。

学習項目の練習

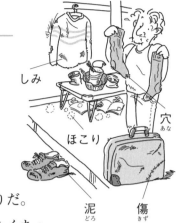

1. N だらけ

1) 基本練習

例：このシャツはしみだらけで汚い。

① この靴下は＿＿＿＿＿＿だから、もう捨てよう。
② この靴は＿＿＿＿＿＿で、洗わないと、履けない。
③ このかばんは＿＿＿＿＿＿だが、もう少し使うつもりだ。
④ テーブルの下が＿＿＿＿＿＿なので、今から掃除しなくちゃ。

2) 書こう

テーマ：**ひどい思い出**

| 間違い | 傷 | 砂 | 血 |
| 借金 | 泥 | 欠点 | |

例：彼女に手紙を書いたが、「漢字の間違いだらけ」と言われ、たくさん直されてしまった。…

＿＿＿＿＿＿＿＿＿＿＿＿＿＿＿＿＿＿＿＿＿＿＿＿＿＿＿＿＿＿＿＿＿＿＿＿＿＿
＿＿＿＿＿＿＿＿＿＿＿＿＿＿＿＿＿＿＿＿＿＿＿＿＿＿＿＿＿＿＿＿＿＿＿＿＿＿
＿＿＿＿＿＿＿＿＿＿＿＿＿＿＿＿＿＿＿＿＿＿＿＿＿＿＿＿＿＿＿＿＿＿＿＿＿＿

２．Vナィ**ないと、Vナィないからだ**

１）応用練習

例：（食べる）：相撲取りが毎日大量に食べなければならないのは、食べないと、太れないからだ。

① （覚える）：漢字を覚えなければならないのは、＿＿＿＿＿＿＿ないと、専門書が＿＿＿＿＿＿＿＿＿＿＿＿＿＿＿＿＿ないからだ。

② （練習する）：毎日ダンスの練習をしているのは、＿＿＿＿＿＿＿＿＿

＿＿＿＿＿＿＿＿＿＿＿＿＿＿＿＿＿＿＿＿＿＿＿＿＿

３．Vル／Nの　**たびに**

１）基本練習

①赤ちゃんの笑顔を見るたびに、（　　　　）

②試験のたびに、（　　　）

③このゲームはやるたびに、（　　　　）

④この作家の作品は読むたびに、（　　　）

a．おなかが痛くなってしまう。
b．感想が違う。
c．幸せな気持ちになる。
d．ステージがどんどん上がる。

２）読もう

京都に行くたびに、京都に住んでいる友人が連れて行ってくれる日本料理店がある。その店は季節の野菜料理が有名だが、特に有名なのは春の竹の子料理だ。これを食べてみたいと思っているのだが、いつも時期が合わないので、まだ食べていない。今年こそと思っている。

①新鮮な竹の子料理が食べられる季節はいつですか。

②「時期が合わない」はどういう意味ですか。

　a．筆者は春が好きではない。

　b．筆者がこれまで京都に行ったのは春ではない。

　c．筆者は京都に春に行ったが、日本料理店に行けなかった。

第７課 | 117

4．～に加え(て)

1）基本練習

例1：（ちゃんこ・お茶漬けとバナナ）

　　　体重が少ない相撲取りはちゃんこに加え、お茶漬けとバナナも食べる。

例2：（暑い・湿度も高い）

　　　日本の夏は暑いのに加え、湿度も高いので、過ごしにくい。

① （服装・髪型）

　　相撲取りは＿＿＿＿＿＿＿に加え、＿＿＿＿＿＿＿も独特だ。

② （メールやカメラの機能・支払い）

　　スマホは＿＿＿＿＿＿＿＿＿＿＿＿＿＿＿＿＿＿＿にも使える。

③ （味がいい・値段も手頃だ）

　　この店のラーメンは＿＿＿＿＿＿＿＿＿＿＿＿＿＿＿＿＿

④ （その国の言葉が分からない・食べ物が違う）

　　外国に行くと、＿＿＿＿＿＿＿＿＿＿＿＿＿＿＿＿＿＿ので、

　　慣れるのに時間がかかる。

5．（数字）は
1）基本練習
（　）に「は」か「も」を書きなさい。

例：A：体重が少ない新人力士は寝る前にバナナ10本（　は　）食べなければならないそうですよ。

　　B：え？ 10本（　も　）食べるんですか。

①A：新聞を読むのに、漢字がいくつぐらい読めなければなりませんか。
　B：そうですね。最低2,000字（　　）読めないと。
　A：え？ 2,000字（　　）？　う〜ん、大変ですが、頑張ります。

②A：日本で生活するのに1か月最低10万円（　　）必要だと聞きましたが、本当ですか。
　B：ええ、都会ではもっと必要かもしれませんよ。

2）聞こう　CD 24
①CDを聞いて、（　）に言葉を書きなさい。

> 　職人の世界は、長くて厳しい修業を重ねなければ、(a.　　　)になれない。すし職人の場合、最低でも (b.　　　) は修業が必要である。カウンターでお客さんの注文を受けて、すしを握るのにはさらに (c.　　　) がかかるようだ。

②この文の「一人前」の意味は何ですか。
　ア．誰かの前
　イ．1人が食べるすしの量
　ウ．十分な技術を身につけていること

6. Vル／Vナィない　ように

1）基本練習

┌─MEMO─┐
例：練習は朝
8時からなの
で、集合時間
に遅れないで
ください。

┌─MEMO─┐
①昼の弁当は
自分で用意し
てください。

┌─MEMO─┐
②都合が悪い
場合は、電話
で連絡してく
ださい。

┌─MEMO─┐
③筆記用具を
忘れないでく
ださい。

例：すみませんが、伝言をお願いします。

　　練習は朝8時からなので、集合時間に遅れない<u>ように</u>伝えてくださいませんか。

①すみませんが、伝言をお願いします。

　　_____ように伝えてくださいませんか。

②すみませんが、伝言をお願いします。

　　_____

③すみませんが、伝言をお願いします。

　　_____

2）書こう

テーマ：**先輩や家族によく言われる（言われた）こと**

例：日本語の先生によく言われることがある。例えば、「もう少し字を丁寧に書く<u>よ</u>
<u>うに</u>」とか「漢字をもっと使う<u>ように</u>」とかだ。

　　_____によく（言われる・言われた）ことがある。

例えば、「_____ように」とか

「_____ように」とかだ。

120　｜　第7課

7. Vテくる

1) 基本練習

a. b.  c. d.  e.

① あ、太陽が出てきた。きれいだなあ。（　　）
② あ、歯が生えてきた。（　　）
③ 春だねえ、もうすぐ花の芽がたくさん出てくるよ。（　　）
④ 霧が晴れて、山の頂上が見えてきた。（　　）
⑤ 頑張れ！　そうすれば結果が賞金という形になって表れてくるよ。（　　）

8.「接続詞・副詞」の整理

1) 基本練習1

① 相撲取りは稽古を重ねる。（a. しかし　b. それに　c. すると）、勝てるようになる。
② 私にはやめたい癖がある。爪をかむことだ。子供みたいで恥ずかしい。
　（a. したがって　b. だが　c. だから）、どうしてもやめられない。
③ 大型台風が来た。（a. そのため　b. しかし　c. それに）、多くの飛行機の運航がキャンセルになった。
④ Xさんは最近体調がよくないらしい。（a. すると　b. だから　c. それに）、学校を休むことが多いんだろう。

2) 基本練習2

①風邪を引いたら、ビタミンC［a. たっぷり／b. 特に］のこの栄養ドリンクを!!!

②お待たせしました!!!
皆様待望のゲームソフトが［a. 相変わらず／b. ようやく］入荷いたしました。

③川をきれいにしましょう!!!［a. 再び／b. 大勢］魚が住めるように。

第7課 | 121

チェックシート　　　　　　　　　／10

1. 相撲が強くなるためには、同じ練習を $\begin{bmatrix} 繰り返す \\ 復習する \end{bmatrix}$ ことが必要だ。

2. 待っていた新しいタブレットが $\begin{bmatrix} 次第に \\ ようやく \end{bmatrix}$ 入荷した。

3. この病気を治すためには、最低10日間 $\begin{bmatrix} も \\ は \end{bmatrix}$ 入院しなければならない。

4. 転んで、顔と手が傷 $\begin{bmatrix} だけ \\ だらけ \end{bmatrix}$ になった。

5. 私が毎日厳しいトレーニングをしているのは、$\begin{bmatrix} 毎日する \\ 毎日しない \end{bmatrix}$ と、

   大きな大会に $\begin{bmatrix} 出られない \\ 出る \end{bmatrix}$ からだ。

6. 京都に $\begin{bmatrix} 行く \\ 行った \end{bmatrix}$ たびに、同じ旅館に泊まっている。

7. この学校は教師の評判 $\begin{bmatrix} にとって \\ に加え \end{bmatrix}$、環境もいいので、選んだ。

8. 一人暮らしを始める時に、親に「食事はきちんとする $\begin{bmatrix} ように \\ ために \end{bmatrix}$」と言われた。

9. この箱を開けると、何が $\begin{bmatrix} 出て \\ 出た \end{bmatrix}$ くるのだろう。

122 ｜ 第7課

聴解タスクシート　CD　22

1. CD を聞いて、（　　）に言葉を書きなさい。

1　　どんな職業にも大変な面と面白い面がある。相撲取りの世界もこの二面性がある点は同じだ。

　　（　　　　）部屋という組織に入門する。入門してしばらくの間は、朝から晩まで同じ部屋の人と同じ所で寝食を共にする。新人の弟子たちに与えられる

5　仕事は多い。毎朝4時半に起き、朝食は食べずに朝稽古をする。冬の寒い時でも裸ではだし。砂だらけ傷だらけになって頑張る。それが終わるのが11時。（　　　　　　　）風呂場で兄弟子たちの背中を流す。風呂に入るのは一番最後。食事（　　　　）は食事を作る。食器などの後片付けの後、兄弟子たちが昼寝をしている間に掃除や洗濯。それが終わった後で、夕方まで昼寝をするのだが、

10　これは体を休めないと、太れないからだ。当番は夕食も作らなければならない。（　　　　）後片付けをして、（　　　　　　）眠りにつく。朝が来るたびに、同じことを繰り返す。

　　食べる量もすごい。肉類・魚介類・豆腐・野菜類などを（　　　　　）入れた「ちゃんこ」と呼ばれる料理を（　　　　　）食べる。それに加え、体重が少

15　ない新人力士は寝る前に（　　　　　）お茶漬け2杯とバナナ10本は食べるように言われる。新人の中には泣きながら食べる力士もいる。

　　しかし、強くなってくると、相撲が面白くなる。面白いから、（　　　　　　）稽古を重ねる。すると、（　　　　　）勝てるようになり、勝てば、番付が上がる。番付が上がれば、給料も上がり、勝った時賞金がもらえるようになり、

20　頑張ったことが（　　　　　）形になって表れてくる。だから面白い。

旭鷲山昇著、宮田修監修『土俵の上から見た不思議なニッポン人』扶桑社、2000 より一部加筆修正
参考：日本相撲協会公式 website: http://www.sumo.or.jp/

2. 質問を聞いて、答えを書きなさい。　CD　23

1) _____

2) _____

第7課 | 123

作文　テーマ：仕事のよい面・大変な面

1. 相撲取りの仕事や生活（①〜⑨）についてどう思いますか。数字を下の□の中に書きなさい。

　A：面白いことだ・よいことだと思う。
　B：大変なことだ・嫌なことだと思う。
　C：どちらでもないと思う。

① 「ちゃんこ」やご飯をたくさん食べなければならない。
② 朝から晩まで同じ所で同じ部屋の人と寝食を共にする。
③ 毎日同じことを繰り返す。
④ 他の人の背中を流す。
⑤ 勝つと番付が上がる。
⑥ 番付が上がると給料が上がる。
⑦ 一番最後に風呂に入る。
⑧ 毎日昼寝をしなければならない。
⑨ 冬でも裸で、はだしで、朝稽古をしなければならない。

A 面白いこと・よいこと	B 大変なこと・嫌なこと	C どちらでもない

124 ｜ 第7課

2. 書きなさい。

第1段落：今の仕事・関心がある仕事
第2段落：その仕事の面白い面・よい面
第3段落：大変な面
第4段落：意見・感想

例：

> 今の仕事は小学校の教師だ。
>
> 　この仕事を選んだのは子供が大好きで、子供と一緒にいる仕事をしたいと思ったからだ。子供の発想はユニークだし、これからの成長を見るのが楽しみなのだ。
>
> 　しかし、事務的な仕事で忙しいのに加え、保護者からの要望も多い。「これをするように・あれをしないように」と言われることが少なくない。楽な仕事ではないと思う時もよくある。
>
> 　だが、生徒たちの顔を見ると、やる気が出る。ずっとこの仕事を続けていきたいと思っている。

＊話す時は丁寧体で。

3. 自分の作文を読みなさい。友達の作文を聞き、質問しなさい。

プラスアルファ　　自己アピールに関する言葉

1. 言葉の意味を確認しなさい。自分に当てはまるものは□に✓を書きなさい。他に知っている言葉があったら⑯に書きなさい。

① □ コミュニケーション力がある
② □ 主体性がある
③ □ 体力がある
④ □ 情報収集力がある
⑤ □ 語学力がある
⑥ □ サービス精神がある
⑦ □ 協調性や柔軟性がある
⑧ □ 好奇心や探究心が旺盛だ
⑨ □ リーダーシップがある
⑩ □ 効率よく働ける
⑪ □ まじめだ
⑫ □ ストレスに強い
⑬ □ 明るい
⑭ □ 粘り強い
⑮ □ 資格がある　資格名（　　　　　）
⑯ □

2.「自分をアピールする文」を100字前後で書いて、発表しなさい。

例：私の強みはグループをまとめられることだ。毎月１回参加者の要望を聞き、イベントを主体的に企画し、実施している。これを続けられたのは、コミュニケーション力やサービス精神があるからだと思う。この点については自信を持っている。

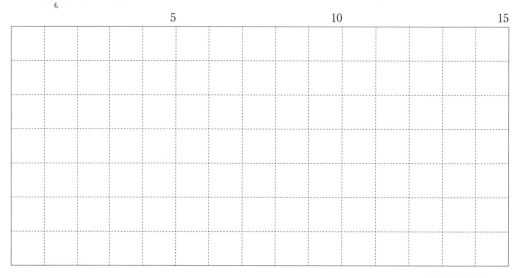

＊話す時は丁寧体で。

第8課
第一印象

1. □にチェック（✓）を入れましょう。

　1) よい印象を与えるために心がけていることは何ですか。
　　　①□相手の話をよく聞く
　　　②□自然な笑顔
　　　③□相手の目を見る
　　　④□相手が分かるように丁寧に話す
　　　⑤□服装
　　　⑥□その他（　　　　　　　　　）

　2) 自信があることは何ですか。
　　　①□話し方
　　　②□表情
　　　③□笑顔
　　　④□話題
　　　⑤□服装
　　　⑥□姿勢
　　　⑦□その他（　　　　　　　　　）

　3) 外見は人の印象の何割を占めると思いますか。
　　　①□ゼロ
　　　②□1～2割
　　　③□3～4割
　　　④□半分ぐらい
　　　⑤□7～8割
　　　⑥□9割以上

第8課 | 127

本文 CD 25

第一印象

人の第一印象は何で決まるのだろうか。人の印象を決定する要素は言語的なものと非言語的なものに分けられる。言語的な要素というのは言葉や話の内容で、非言語的な要素というのは視覚情報（目からの情報）と聴覚情報（耳からの情報）である。視覚情報は服装やボディーランゲージなどのことで、聴覚情報は声の調子や話し方のことである。

言語的な要素から相手を判断する人はわずか数パーセント**にすぎない**という説がある。また、「人の印象は見た目が100%だ」と極端なことを言う人もいる。

では、非言語的な要素について考えてみよう。まず、視覚情報。これは服装**さえ**気をつけれ**ば**いい**というものではなく**、表情・姿勢・動作も重要なポイントである。例えば、笑顔を見せることや相手と目を合わせることは相手への信頼を伝える。一方、無表情だとやる気を感じさせない。また、前かがみの姿勢は自信がなさそうに見える。椅子の背もたれに寄りかかりすぎると、威圧感を与え**かねない**。次に、聴覚情報。話す時、声の調子や大きさやスピードは状況に合うように気をつけよう。

「人間は中身が大切だ」と一般的には言われている**ものの**、見た目や話し方が人の第一印象を大きく左右するのは事実のようだ。したがって、自分が言いたいことをより効果的に伝えるためには、自分の外見や話し方にも注意する必要がある。

ことばを確かめよう

1.

決定する けってい	見た目 みため	人間 にんげん
判断する はんだん	表情 ひょうじょう	中身 なかみ
合わせる［目を～］ あ　め	姿勢 しせい	
寄りかかる よ	動作 どうさ	言語的（な） げんごてき
合う［状況に～］ あ　じょうきょう	ポイント	非言語的（な） ひげんごてき
左右する さゆう	信頼 しんらい	極端（な） きょくたん
	無表情 むひょうじょう	重要（な） じゅうよう
要素 ようそ	前かがみ まえ	
視覚情報 しかくじょうほう	背もたれ［～に寄りかかる］ せ　よ	効果的に こうかてき
聴覚情報 ちょうかくじょうほう	威圧感［～を与える］ いあつかん　あた	
ボディーランゲージ	スピード	わずか
説 せつ	状況 じょうきょう	

2. 練習
れんしゅう

1) 適当な形にして入れなさい。
てきとう　かたち　　い

感じる	合わせる	決定する	寄りかかる
かん	あ	けってい	よ

①先生は学生と目を（　　　　　）、ほほえんだ。
せんせい　がくせい　め

②ドアに（　　　　）ないでください。危険です。
きけん

③この会社はデータによって全てのことを（　　　　）いる。
かいしゃ　　　　　　　　　　すべ

2)

無表情	姿勢	動作	信頼	中身
むひょうじょう	しせい	どうさ	しんらい	なかみ

①自信がない時、私は前かがみの（　　　　）になってしまう。
じしん　　とき　わたし　まえ

②私は「人間は見た目より（　　　　）が大切だ」と思う。
にんげん　みため　　　　　　　たいせつ　　おも

③動物の赤ちゃんの（　　　　）は愛らしい。
どうぶつ　あか　　　　　　　　　　あい

④Ａさんは（　　　　）なので、やる気があるかどうか分かりにくい。
き　　　　　　　　わ

第8課 | 129

内容を確かめよう

1. 内容が正しいものに○、正しくないものに×を書きなさい。

   1) (　　) 第一印象を決めるのは、視覚情報だけだ。

   2) (　　) 外見より中身のほうが第一印象を決定する。

   3) (　　) 見た目や話し方が人の第一印象を大きく左右する。

2. ☐から言葉を選び、段落の内容を完成しなさい。

言語的	要素	効果的	例	非言語的

   1) 第1段落：人の印象を決定する（　　　　　　）。

   2) 第2段落：「何が人の印象を決定するか」の考え方の（　　　　　　）。

   3) 第3段落：（　　　　　　）な要素。

   4) 第4段落：言いたいことを（　　　　　　）に伝えるために注意すること。

3. 11行目の「これ」は何ですか。

   ①視覚情報

   ②聴覚情報

   ③言葉や話の内容

4. (　　) に言葉を書きなさい。

   ┌ 言語的な要素
   └ 非言語的な要素 ┬ 視覚情報：服装・（①　　　　　　）・（②　　　　　　）・動作
   　　　　　　　　 └ 聴覚情報：声の調子・（③　　　　　　）・（④　　　　　　）

130 ｜ 第8課

学習項目
がくしゅうこうもく

1. ～にすぎない　質的・量的に程度の低さを強調する。
しってき りょうてき　てい ど ひく きょうちょう

Emphasizes the low level of something in terms of quality or quantity.

强调品质或者数量上程度很低。

질적·양적으로 그 정도가 낮다는 것을 강조함.

Nhấn mạnh mức độ thấp về tính chất, số lượng.

接続
せつぞく

$$\left[\begin{array}{l}普通形 \\ \text{ふ つうけい} \\ (Na ／ N だ→（である）)\end{array}\right] ＋にすぎない$$

①言語的な要素から相手を判断する人はわずか数パーセント**にすぎない**。
　げん ご てき　　よう そ　　　あい て　　はんだん　ひと　　　　　　　すう

②彼のスピーチは他の人のまねをした**にすぎない**。
　かれ　　　　　　　ほか ひと

③アルバイトの収入は１か月２万円（である）**にすぎない**。
　　　　　　　しゅうにゅう　　げつ　まんえん

2. Nさえ～ば／～なら　唯一の条件を仮定する。
ゆいいつ　じょうけん　か てい

Presupposes an only or particular condition.

对唯一的条件进行假定。

유일한 조건을 가정함.

Giả định điều kiện duy nhất.

①服装**さえ**気をつけれ**ば**いい。
　ふくそう　　き

②天気**さえ**よけれ**ば**、ここから島が見える。
　てん き　　　　　　　　　　　しま　み

③体**さえ**丈夫**なら**、どんなことでもできる。
　からだ　じょう ぶ

3. 「さえ・しか・こそ」の整理
せい り

①ひらがな**さえ**読めれ**ば**、この絵本は読める。
　　　　　　　　よ　　　　　　え ほん

②ひらがな**しか**読めない。

③漢字学習**こそ**大切だと思っている学生がいる。
　かん じ がくしゅう　たいせつ　おも　　　　　がくせい

第8課 ｜ 131

4. 〜というものではない・〜というものでもない

（＝〜わけではない・〜わけでもない）いつも／必ずそうではない

not always ~ / not necessarily the case that ~

未必一直／肯定如此

항상/반드시 그렇지는 않다

Không phải lúc nào cũng/nhất định phải như vậy.

接続
せつぞく

$$
\begin{bmatrix} 普通形 \\ ふ つうけい \\ (Na ／ N (だ)) \end{bmatrix} ＋というものではない／というものでもない
$$

①服装さえ気をつければいい**というものではない**。

②外国語はその国に住めば上手になる**というものではない**。

③有名な大学を卒業した人が優秀（だ）**というものでもない**。

5. Ｖマス**かねない**　ある原因から悪い結果になる可能性がある。

Indicates the possibility of a certain cause leading to an unfavorable effect.

由于某种原因很有可能造成不好的结果。

어떤 원인이 나쁜 결과를 초래할 가능성을 나타냄.

Có khả năng sẽ xảy ra kết quả xấu từ một nguyên nhân nào đó.

①椅子の背もたれに寄りかかりすぎると、威圧感を与え**かねない**。

②そんなことを言うと、誤解を招き**かねない**。

③栄養のバランスを考えないで食事をしていると、病気になり**かねない**。

6. 〜ものの　（＝けれども）

接続
せつぞく

$$
\begin{bmatrix} 普通形 \\ ふ つうけい \\ (Na だ→な／である) \\ (N だ→である) \end{bmatrix} ＋ものの
$$

①「人間は中身が大切だ」と言われている**ものの**、見た目や話し方が人の第一印象を左右する。

②今の会社は給料はあまり高くない**ものの**、人間関係はいいので、満足している。

③彼は言葉遣いは丁寧な**ものの**、態度がよくないので、印象が悪い。

132 ｜ 第8課

学習項目の練習
がくしゅうこうもく　れんしゅう

1．～にすぎない

1）基本練習
きほんれんしゅう

①こんなに一生懸命働いているのに、（　　　　　）
いっしょうけんめいはたら

②5年も英語の勉強を続けているが、（　　　　　）
ねん　えいご　べんきょう　つづ

③彼は自信満々に意見を言うが、（　　　　　）
かれ　じしんまんまん　いけん　い

④この会社が事業を拡大するという話は（　　　　　）
かいしゃ　じぎょう　かくだい　はなし

> a．ネットにある意見を言っているにすぎない。
>
> b．うわさにすぎない。
>
> c．話せるのは挨拶程度にすぎない。
> 　はな　　　　あいさつていど
>
> d．1か月の収入はわずか10万円程度にすぎない。
> 　げつ　しゅうにゅう　　　　　　　まんえん

2）応用練習
おうようれんしゅう

例：言語的な要素から相手を判断する人はわずか数パーセントにすぎない。
れい　げんごてき　ようそ　あいて　はんだん　ひと　　　すう

①私がもらう1か月の給料はわずか＿＿＿＿＿＿＿＿＿＿円にすぎない。
わたし　　　　　　　きゅうりょう　　　　　　（数字）
　　　　　　　　　　　　　　　　　　　　　　すうじ

②こんなに一生懸命漢字を勉強しているのに、書けるのはわずか
　　　　　　　　　　かんじ　　　　　　　　　　　か

＿＿＿＿＿＿＿＿＿字にすぎない。
（数字）　　じ

③＿＿＿＿＿＿＿＿＿＿＿＿＿＿＿＿という話を聞いたが、これはうわさにすぎない。
　　　　　　　　　　　　　　　　　　き

第8課 ｜ 133

2．Nさえ～ば／～なら

1）基本練習

例：（服装・気をつける）

服装さえ気をつければいい。

① （時間・ある）

私は＿＿＿＿＿＿さえ＿＿＿＿＿＿ば、ゲームをやっている。

② （天気・いい）

＿＿＿＿＿＿＿＿＿＿＿＿＿＿、ここから富士山がきれいに見える。

③ （ペット・いる）

私は＿＿＿＿＿＿＿＿＿＿＿＿、幸せだ。

2）書こう

テーマ：**これさえできれば～だと思うこと**

| 一人前　　大人 |
| プロの（　　　　　） |

例：大人としてきちんとした言葉遣いさえできれば、一人前だと思っている人がいる。しかし私は…

＿＿＿＿＿＿＿＿＿＿＿＿＿＿＿＿＿＿＿＿＿＿＿＿＿＿＿＿＿

＿＿＿＿＿＿＿＿＿＿＿＿＿＿＿＿＿＿＿＿＿＿＿＿＿＿＿＿＿

＿＿＿＿＿＿＿＿＿＿＿＿＿＿＿＿＿＿＿＿＿＿＿＿＿＿＿＿＿

＿＿＿＿＿＿＿＿＿＿＿＿＿＿＿＿＿＿＿＿＿＿＿＿＿＿＿＿＿

3.「さえ・しか・こそ」の整理

1) 基本練習

「さえ・しか・こそ」から1つ選び、（　）に書きなさい。

①ネクタイ（　　　　）サラリーマンの服装のポイントだと言われている。それで、私は仕事場の服装としてネクタイ（　　　　）すればいいと思っていた。しかしネクタイをしていても、シャツが汚れていたら、よくない。しかも1本（　　　　）持っていないのでは、どうしようもない。

②私は来週（　　　　）彼女に「結婚してください」と言うつもりだ。さらに、「君（　　　　）いれば、他には何も要らない。君（　　　　）目に入らない」と言って、プロポーズするつもりだ。

4．〜というものではない・〜というものでもない

1）基本練習

例：服・高いものを身につければいいです

→服は高いものを身につければいい<u>というものではない</u>。

①外国語・その国に住めば上手になります

＿＿＿＿＿＿＿は＿＿＿＿＿＿＿＿＿＿＿＿＿＿＿というものではない。

②食事・おなかがいっぱいになればいいです

＿＿＿＿＿＿＿＿＿＿＿＿＿＿＿＿＿＿＿＿＿＿＿＿＿＿＿＿＿＿

③お金・たくさんあれば幸福です

＿＿＿＿＿＿＿＿＿＿＿＿＿＿＿＿＿＿＿＿＿＿＿＿＿＿＿＿＿＿

④学生時代のアルバイト・しなければなりません

＿＿＿＿＿＿＿＿＿＿＿＿＿＿＿＿＿＿＿＿＿＿＿＿＿＿＿＿＿＿

2）聞こう　CD 27

①CDを聞いて、（　　）に言葉を書きなさい。

> 安い物を見て、（a.　　　　　　）買ってしまったという経験が多くの人に
> あるだろう。後になって、品質が（b.　　　　　　　　　）嫌になったり、
> 実は（c.　　　　　　　　）と気づいたりする。物は（d.　　　　　　　　）
> <u>というものではない</u>のだ。

②筆者が言いたいことは何ですか。

　　ア．物は安ければいい。

　　イ．安い物は買っておいたほうがいい。

　　ウ．値段が安くても、買うかどうか、よく考えたほうがいい。

5. Vマスかねない

1) 基本練習

A　いい印象だと思うものに○をつけなさい。

B　| やる気がない　　いらいらしている　　自信がない　　威張っている |

例：アは（　やる気がない　）と誤解されかねない。
①イは（　　　　　　　　）と言われかねない。
②エは（　　　　　　　　）と誤解されかねない。

2) 応用練習

例：椅子の背もたれに寄りかかりすぎると、威圧感を与えかねない。
①_____と、病気になりかねない。
②_____と、事故を起こしかねない。

3) 読もう

> パソコンで漢字を変換していて、面白い変換になった経験は誰にでもあるだろう。「今日は見に来てくれてありがとう」が「今日はミニ（ドレス）着てくれてありがとう」と変換された例は面白い。しかし、ビジネスの場面では漢字の変換ミスが大きなトラブルになる場合があり、ビジネス能力を疑われかねない。

①ビジネスの場面で漢字の変換ミスはどんなことを引き起こす可能性がありますか。
②あなたも面白い変換ミスの経験がありますか。

6. ～ものの

1）基本練習

例：「人間は中身が大切だ」と言われているものの、（　e　）

①この2、3日は天気はいいものの、（　　　　）

②彼は、言葉遣いは丁寧なものの、（　　　　）

③毎日きちんと薬を飲んでいるものの、（　　　　）

④彼女は成人したものの、（　　　　）

---

a. 体調がなかなかよくならない。

b. 態度はひどいものだ。

c. 気温が上がらず、寒い。

d. 子供っぽい話し方が消えない。

~~e.~~ 見た目が人の第一印象を左右する。

2）書こう

テーマ：しようと思っているものの、なかなかできないこと

例：毎日30分は運動しようと思っている<u>ものの</u>、なかなかできない。…

_____

_____

3）読もう

　スマホの長時間の使用で、首や頭が痛くなるとか、吐き気がするという経験をした人は少なくない。原因はいくつかあるが、姿勢もその1つだ。下向きの姿勢を長時間続けていると、頭痛やめまいが起きる。医者は適度な休息やストレッチを勧めている。筆者も<u>これら</u>を心がけている<u>ものの</u>、スマホが手放せないので、なかなかよくならない。

---

①2行目の「その」は何ですか。

②4行目の「これら」は何ですか。

③筆者がなかなかよくならない原因は何ですか。

チェックシート

／10

1. 前かがみの［表情 / 姿勢］だと、自信がなさそうに見える。

2. 多くの人が「人間は［中身 / 内容］が大切だ」と言う。

   しかし、それを［効果的に / 一般的に］伝えるためには、話し方も重要だ。

3. 私の勉強時間は1日［わずか / 少ない］［30分だ / 30分］にすぎない。

4. 「風邪を引いた時は、睡眠［さえ / こそ］［取れば / 取るなら］、よくなる」と母によく言われた。

5. 栄養のバランスを考えて食事しないと、［病気になる / 病気になり］かねない。

6. 彼は、体は［丈夫だ / 丈夫な］ものの、気持ちは弱いようだ。

7. 外国語はその国に住めば、［上手になる / 上手になった］というものではない。

第8課 | 139

聴解タスクシート　CD 25

1. CD を聞いて、（　　）に言葉を書きなさい。

1　　人の第一印象は何で決まるのだろうか。人の（　　　　　）を決定する要素
は言語的なものと非言語的なものに分けられる。言語的な（　　　　　）とい
うのは言葉や話の内容で、非言語的な要素というのは視覚情報（目からの情
報）と聴覚情報（耳からの情報）である。視覚情報は（　　　　　）やボディー
5　ランゲージなどのことで、聴覚情報は声の調子や話し方のことである。
　　言語的な要素から相手を判断する人はわずか数パーセントにすぎないという
説がある。また、「人の印象は（　　　　　）が100% だ」と極端なことを言う
人もいる。
　　では、非言語的な要素について考えてみよう。まず、視覚情報。これは服
10　装さえ気をつければいいというものではなく、（　　　　　）・姿勢・動作も
重要な（　　　　　）である。例えば、笑顔を見せることや相手と目を合わ
せることは相手への信頼を伝える。一方、無表情だとやる気を感じさせない。
また、前かがみの（　　　　　）は自信がなさそうに見える。椅子の背もたれ
に寄りかかりすぎると、威圧感を与えかねない。次に、聴覚情報。話す時、
15　声の（　　　　　）や大きさやスピードは状況に合うように気をつけよう。
　　「人間は（　　　　　）が大切だ」と一般的には言われているものの、見た目
や話し方が人の第一印象を大きく左右するのは（　　　　　）のようだ。したがっ
て、自分が言いたいことをより効果的に伝えるためには、自分の（　　　　　）
や話し方にも注意する必要がある。

2 質問を聞いて、答えを書きなさい。　CD 26

1) _____

2) _____

作文　テーマ：人に会う時、気をつけていること

1. 書きなさい。

第1段落：初めての人と話す時（初めての人と会う時）、気をつけていること。
第2段落：具体的な説明
第3段落：結論・感想

例：

> 　初めての人と話す時、気をつけていることは相手の気持ちや状況だ。
> 　具体的に言うと、例えば会社に入って、初めて先輩に挨拶する場合、特にお世話になる先輩にはきちんと挨拶しなければならない。しかし、相手が忙しそうだったら、挨拶は短くしたほうがいいと思う。忙しくないようだったら、趣味などについて話してみると、いい関係が作れるかもしれない。
> 　つまり、相手の気持ちや状況は絶対に軽視してはいけないと思う。

（初めての人と話す時／初めての人と会う時、気をつけていること）

_____

_____

（具体的な例）

_____

_____

_____

（結論・感想）

_____

_____

＊話す時は丁寧体で。

2. 自分の作文を読みなさい。友達の作文を聞き、質問しなさい。

第8課 ｜ 141

プラスアルファ　ディベート

1. ディベート（討論）の手順や表現

1) 手順

| 1つのテーマに対して賛成と反対の2つのグループに分かれる |

↓ ＊2つのグループは同数にする。
　＊本当の自分の考えと同じでないほうが練習になる。

| グループごとに意見をまとめる |

↓作戦タイム

| 賛成意見・反対意見をそれぞれ述べる |

↓

| 相手の意見への反論をまとめる |

↓作戦タイム

| 再度意見を述べ合う |

↓

| 個々にまとめシートに記入する |

2) 表現

| ○さんは～と言いましたが、 |

賛成の時	反対の時
私も○さんの意見に賛成です。	私は○さんと意見が少し違います。
	確かに、そういう面もあるかもしれません。でも私は～
私もやはり同じように感じています。	そうでしょうか。私は～

2. ディベートしなさい。

テーマ：**人の第一印象と外見の関係**

「人の第一印象は見た目が100％だ」と言う人がいる。これについて賛成か反対か。

1) 賛成・反対の2つのグループに分かれる。
2) グループで意見をまとめる。（記入シート①を使って）
3) 賛成意見・反対意見をそれぞれ述べる。
4) グループで反論をまとめる。（記入シート②を使って）
5) 再度、意見を述べ合う。

記入シート①	記入シート②

6) 自分の意見をまとめなさい。（ディベートの後で）

まとめシート

　「人の第一印象は見た目が100％だ」と言う人がいる。私はこの考えに（賛成である　・　反対である）。

　理由は＿＿＿＿＿＿＿＿＿＿＿＿＿＿＿＿＿＿＿＿＿＿＿＿＿＿＿＿

＿＿＿＿＿＿＿＿＿＿＿＿＿＿＿＿＿＿＿＿＿＿＿＿＿＿＿＿＿＿＿＿

　しかし、＿＿＿＿＿＿＿＿＿＿＿＿＿＿＿＿＿＿＿＿＿＿＿＿＿＿＿

＿＿＿＿＿＿＿＿＿＿＿＿＿＿＿＿＿＿＿＿＿＿＿＿＿＿＿＿＿＿＿＿

＿＿＿＿＿＿＿＿＿＿＿＿＿＿＿＿＿＿＿＿＿＿＿＿＿＿＿＿＿＿＿＿

漢字練習

学習目標

・本文がルビなしでもひととおり読めるようになる。
・漢字語彙を増やす。

特徴

・N5 レベル（旧 4 級レベル）の漢字（80 字）及び『中級へ行こう』で学習した 169 字は既習とする。
・N4 レベル（旧 3 級レベル）以上の漢字を取り上げ、1 課あたり 20 ～ 32 字の読みを練習する。
・音訓は常用漢字表に基づき全て提示。
・漢字語彙は本書の本文及び初級、『中級へ行こう』で既習と思われるものを提示。
・（＊）がついている語は特殊な読み方（熟字訓）を表す。

手順

①各課の漢字リストで漢字語彙の読みを学ぶ。漢字語彙のある音訓だけ学習する。
②読み練習をする。
　　問題 1・本文での漢字語彙の読み
　　問題 2・既習漢字で、この課で学ぶ読み方や漢字語彙
　　問題 3・本課で学習した漢字を使用する漢字語彙や、その関連語（例：反意語）の読み
　　　　　・既習漢字を含む漢字語彙の読み
③本文（ルビなし）を読む。
　＊本文には、その課では読みを練習しない新出漢字も含まれています。
　　どのくらい読めるか挑戦してください。

漢字一覧

課	タイトル	漢字
1	音楽と音の効果	音 楽 効 寂 好 落 然 波 鳥 鳴 声 歌 遊 器 演 奏 簡 単 嫌 葉 難 士 緒 第 現
2	いい数字・悪い数字	字 偶 奇 圏 仲 死 縁 異 紹 介 味 非 常 値 段 抽 号 重 要 視
3	「面白い」日本	面 否 定 雰 囲 満 酒 臭 配 滑 扉 繰 返 押 座 席 失 思 側 習 慣 違 議 暮

144　**漢字練習**

4	くしゃみ	信般 込孫 吸状 冷割 鼻症 飛粉 内花 屋激 暗刺象 光経深 陽神興 太途差
5	私の町	禁 抜 撮幸 口包 秋穏 歩息 散浴 周道 涼沿 幾静 朝造 過進
6	この日に食べなきゃ、意味がない！	期 短 続残 宣義 防主 夏業 戸商 江恵 倍関 均巻 平節 焼集
7	お相撲さんの世界	兄菜 風野 張類 砂量 冬再形 与濯賞 弟洗給 新除勝 共掃泣 門片低 組流力 点背加
8	第一印象	姿 説 断 判 装身 耳圧 聴威 報寄 情頼 容顔 素笑 印勢

合計　193字

『中級へ行こう』の学習漢字 169 字

物意増化疲法決育召
明用様文不方買働皆
店料減無体別売職例
利多数美因取園性敬
軽切親観原許公仕感
手番価景勤特運止乱
安合服市通目変打識
由場着都動注古終果
理開町事遅飲以解結
使窓専選談当守誤度
兆閉自心相池住確向
発消持礼医院題成庭認
牛次査海病問図賛少機
近机調際回広暖区転正
最起所実夜界温伝建付
的地族者寝世球言社受
表始考旅晩質忘呼対社
代活家訪眠昼作村反会

N5 レベルの漢字　80 字

水語父読
火本子話
月校女見
日学男食
円生人来
万先西行
千年東休
百毎南川
十後北山
九前国車
八午中電
七今外雨
六半間長名
五分左高気
四時右小天
三土下大出
二金上友入
一木何母書

第1課
だい　か

音	オン　イン おと　ね	音楽　　音　　発音　　録音する おんがく　おと　はつおん　ろくおん
楽	ガク　ラク たのしい　たのしむ	音楽　　楽しい　　楽しむ　　楽(な) おんがく　たの　　　たの　　　らく
効	コウ きく	効果 こうか
寂	ジャク　セキ さび　さびしい さびれる	寂しい さび
好	コウ すく　このむ	好き(な)　　大好き(な)　　好意的 (3課) す　　　　だいす　　　　こういてき　か
落	ラク おちる　おとす	落ち着く　　葉が落ちる　　財布を落とす お　つ　　は　お　　　　さいふ　お 落ち葉 (5課)　　舞い落ちる お　ば　か　　ま　お
然	ゼン　ネン	自然　　突然　　全然 しぜん　とつぜん　ぜんぜん
波	ハ なみ	波　　波の音　　津波 なみ　なみ　おと　つなみ
鳥	チョウ とり	小鳥　　焼き鳥 ことり　や　とり
鳴	メイ なく　なる　ならす	鳴く な
声	セイ　ショウ こえ　こわ	鳴き声　　声 (8課) な　ごえ　こえ　か
歌	カ うた　うたう	歌　　歌う　　歌手　　歌舞伎 うた　うた　　かしゅ　かぶき
遊	ユウ　ユ あそぶ	手遊び　　遊ぶ て あそ　　あそ
器	キ うつわ	楽器　　炊飯器　　電子機器 がっき　すいはんき　でんし きき
演	エン	演奏する　　演歌 えんそう　　えんか

146 ｜ 漢字練習　第1課

奏	ソウ かな**でる**	演奏する えんそう		
簡	カン	簡単（な） かんたん		
単	タン	簡単（な）　単位 かんたん　　たん い		
嫌	ケン　ゲン きら**う**　いや	嫌い（な）　嫌（な）　嫌がる きら　　　　いや　　　　いや		
葉	ヨウ は	言葉　葉　落ち葉 (5課) こと ば　は　お　ば　　か		
難	ナン むずか**しい**　かたい	難しい　避難場所　避難訓練 むずか　　ひ なん ば しょ　ひ なんくんれん		
士	シ	療法士　保育士　弁護士 りょうほうし　ほ いくし　べん ご し		
緒	ショ　チョ お	一緒に いっしょ		
第	ダイ	次第に　第1課 し だい　だい　か		
現	ゲン あらわ**す**　あらわ**れる**	現代　現象 (4課)　現金　建築現場 げんだい　げんしょう　　か　げんきん　けんちくげん ば		

漢字練習　第1課　| 147

読み練習

1.
1）音楽
（　　　　　　　）

2）音
（　　　　　　　）

3）効果
（　　　　　　　）

4）寂しい
（　　　　　しい）

5）好き（な）
（　　　　き（な））

6）落ち着く
（　　　ち　　く）

7）自然
（　　　　　　　）

8）波
（　　　　　　　）

9）小鳥
（　　　　　　　）

10）鳴き声
（　　き　　　）

11）歌
（　　　　　　　）

12）手遊び
（　　　　　　び）

13）楽器
（　　　　　　　）

14）演奏する
（　　　　　する）

15）演歌
（　　　　　　　）

16）簡単（な）
（　　　　（な））

17）嫌い（な）
（　　　い（な））

18）言葉
（　　　　　　　）

19）難しい
（　　　　しい）

20）療法士
（りょう　　　　）

21）一緒に
（　　　　　に）

22）次第に
（　　　　に）

23）現代
（　　　　　　　）

2.
1）最も
（　　　　も）

2）解消
（　　　　　　　）

3）事例
（　　　　　　　）

3.
1）好き ⇔ 嫌い
（　き）（　い）

2）音
（　　　　　　　）

3）音楽
（　　　　　　　）

4）楽器
（　　　　　　　）

5）楽しい
（　　　　しい）

6）次第に
（　　　　に）

7）次に
（　　　　　に）

8）歌
（　　　　　　　）

9）歌手
（　　　　　　　）

10）自然
（　　　　　　　）

11）全然
（ぜん　　　　）

148 ┃ **漢字練習　第1課**

本文

音楽と音の効果

　疲れた時、寂しい時、ストレスがたまった時に、音楽を聞いて、 1
気持ちをリラックスさせるという人が多い。私たちは好きな音楽を
聞くと、心が落ち着いたり、寂しさを忘れたりする。また自然の中
の音、例えば波の音、小鳥の鳴き声を聞いて心がいやされたりする。
このように音楽・音を利用してストレス解消や体を元気にすること 5
を「音楽療法」という。

　「音楽療法」の方法はさまざまで、音楽を聞く、歌を歌う、歌に合
わせて手遊びをする、楽器を演奏するなどがある。最も簡単な方法
は「聞く」ことだろう。

　では、どんな音楽を聞いたらいいのだろうか。嫌いな音楽を聞い 10
てもリラックスできるわけがない。自分の好きな音楽を聞くことこ
そ、心のいやしになるのである。したがって、クラシックが好きな人
はクラシックを、演歌が好きな人は演歌を聞くのが効果的な方法だ。

　また、言葉でコミュニケーションをとるのが難しい人が、音楽療
法士と一緒に歌ったり、演奏したりして、次第にコミュニケーショ 15
ンがとれるようになった事例がある。

　ストレスの多い現代社会に音楽・音がどのような効果をもたらす
か、今後、より注目されていくだろう。

漢字練習　第1課 ｜ 149

第２課
だい　　か

字	ジ / あざ	数字　漢字　文字 すうじ　かんじ　もじ
偶	グウ	偶数 ぐうすう
奇	キ	奇数 きすう
圏	ケン	中国語圏 ちゅうごくごけん
仲	チュウ / なか	仲間 なかま
死	シ / しぬ	死　死ぬ し　　し
縁	エン / ふち	縁起がいい えんぎ
異	イ / こと	異なる こと
紹	ショウ	紹介する しょうかい
介	カイ	紹介する　魚介類（7課） しょうかい　ぎょかいるい　　か
味	ミ / あじ　あじわう	意味　趣味　興味　あまい味がする いみ　しゅみ　きょうみ　　　　あじ
非	ヒ	非常に ひじょう
常	ジョウ / つね　とこ	非常に　非常口 ひじょう　　ひじょうぐち
値	チ / ね　あたい	値段 ねだん
段	ダン	値段　階段　連絡手段 ねだん　かいだん　れんらくしゅだん
抽	チュウ	抽選 ちゅうせん

号	ゴウ	番号 信号 －号室 ばんごう しんごう ごうしつ
重	ジュウ チョウ え おもい かさねる かさなる	重要視する 重要(な)(8課) 体重(7課) じゅうようし じゅうよう か たいじゅう か 重い 重さ 重ねる(7課) おも おも かさ か
要	ヨウ かなめ いる	重要視する 重要(な)(8課) 必要(な) じゅうようし じゅうよう か ひつよう 要素(8課) お金が要る ようそ か かね い
視	シ	重要視する 視覚情報(8課) じゅうようし しかくじょうほう か

読み練習
よ れんしゅう

1. 1）数字 2）偶数 3）奇数
( ) ( ) ( )

4）中国語圏 5）仲間 6）死
( ) ( ) ( )

7）縁起 8）異なる 9）紹介する
( ) (なる) (する)

10）意味 11）非常に 12）値段
( ) (に) ( )

13）抽選 14）番号 15）重要視する
( ) ( ) (する)

2. 1）発音 2）当たる 3）手数料
( ) (たる) ( )

3. 1）重い ⇔ 軽い
(い) (い)

2）縁起 3）起きる
( ) (きる)

4）意味 5）あまい味
( ) (あまい)

漢字練習 第2課 | 151

本文

いい数字・悪い数字

あなたの国ではどんな数字が「いい数字」で、反対にどんな数字 1
が「悪い数字」だと考えられていますか。下の表を見てください。

	いい数字	悪い数字
ベトナム	偶数（2・4・6・8）・9	奇数（1・3・5・7）
日本	8	4・9
中国語圏	6・8・9	4

ベトナムでは、「4」という数字はいい数字の1つだと考えられて
います。偶数は仲間がいるという理由でいい数字なのです。しかし、
日本や中国語圏では「4」は「死」と音が同じだという理由で嫌わ
れています。国によって、縁起のいい数字・悪い数字は異なってい 10
るのです。

しかし、中国語圏ほど「いい数字」にこだわるところはないよう
です。車につけるナンバーを例にとって紹介しましょう。香港では、
発音するといい意味になる「18（必ず金持ちになる）」は非常に人
気があります。そのため、このナンバーはオークションで数千万円 15
以上というびっくりするほどの値段がついたことがあります。日本
では抽選に当たれば、人気がある番号（1や8888など）を手数
料だけで手に入れることができますから、日本人からすると、考え
られないことです。香港ではどんな車を持っているかより、どんな
番号のプレートをつけているかを重要視する人がいるようです。 20

152 ｜ 漢字練習 第2課

第3課
だい　か

面	メン おも　おもて　つら	面白い　　大変な面 (7課)　　二面性 (7課) おもしろ　　たいへん　めん　か　　　に めんせい　か
否	ヒ いな	否定的（な） ひ ていてき
定	テイ　ジョウ さだめる　さだまる さだか	否定的（な）　　定食 ひ ていてき　　　ていしょく
雰	フン	雰囲気 ふん い き
囲	イ かこむ　かこう	雰囲気 ふん い き
満	マン みちる　みたす	満ちる　　満足する　　満足度 み　　まんぞく　　　まんぞく ど
酒	シュ さけ　さか	酒　日本酒 さけ　に ほんしゅ
臭	シュウ くさい　におう	臭い くさ
配	ハイ くばる	配る　宅配便　心配する くば　たくはいびん　しんぱい
滑	カツ　コツ すべる　なめらか	滑る すべ
扉	ヒ とびら	扉を開く とびら ひら
繰	くる	繰り返し く　かえ
返	ヘン かえす　かえる	繰り返し　返す　返事 く　かえ　　かえ　　へんじ
押	オウ おす　おさえる	押しのける　　押す お　　　　　　お
座	ザ すわる	座る　座席 すわ　ざ せき

漢字練習　第3課 | 153

席	セキ	座席　席を外す　出席する ざせき　せき　はず　　しゅっせき
失	シツ うしなう	失礼（な）　失敗する しつれい　　しっぱい
思	シ おもう	思う　思い出す おも　おも　だ
側	ソク がわ	反対側　〜側　右側　左側 はんたいがわ　がわ　みぎがわ　ひだりがわ
習	シュウ ならう	習慣　学習　予習　復習　習う しゅうかん　がくしゅう　よしゅう　ふくしゅう　なら
慣	カン **なれる　ならす**	習慣　慣れる しゅうかん　な
違	イ **ちがう　ちがえる**	違う　違和感　駐車違反 ちが　い　わ　かん　ちゅうしゃ　い　はん
議	ギ	不思議（な）　会議 ふ　し　ぎ　　かい　ぎ
暮	ボ **くれる　くらす**	暮らす く

154 ｜ 漢字練習　第3課

読み練習

1. 1）面白い
（　　　　　　い）

2）否定的（な）
（　　　　　　（な））

3）雰囲気
（　　　　　　　　）

4）満ちている
（　　　　ちている）

5）酒臭い
（　　　　　　い）

6）配る
（　　　　　　る）

7）滑る
（　　　　　る）

8）扉
（　　　　　　　）

9）繰り返し
（　　り　　し）

10）押しのける
（　　　しのける）

11）座席
（　　　　　　　）

12）座る
（　　　　　　る）

13）失礼（な）
（　　　　（な））

14）思う
（　　　　　う）

15）反対側
（　　　　　　　）

16）習慣
（　　　　　　　）

17）違う
（　　　　　う）

18）不思議（な）
（　　　　　　（な））

19）暮らす
（　　　　らす）

2. 1）以来
（　　　　　　）

2）好意的（な）
（　　　　　（な））

3）出来事
（　　　　　　）

4）相変わらず
（　　　わらず）

3. 1）座席に座る
（　　　）（　　る）

2）習う
（　　　　う）

3）学習
（　　　　　　）

4）習慣に慣れる
（　　　）（　れる）

5）不思議だと思う
（　　　）（　　う）

漢字練習　第3課　｜　155

本文

「面白い」日本

日本に来て以来、「面白い」という言葉を何回も聞いている。「マリア・エレナさん、あなたは面白いね」ともよく言われた。これは褒められているのだろうか、それともからかわれているのだろうか。分かってきたのは、「面白い」は好意的な言葉であって、否定的なものではないということだ。日本は面白い。日本人も面白い。日本に住んでいることも面白い。

言うまでもなく、まじめな日本。通勤電車はその雰囲気に満ちている。しかし、夜遅い時間の電車は酒臭い、飲んべえ日本。

物価が高いと言われているが、いろんな物がただで配られている、安い日本。

「滑りやすいので注意してください」「忘れ物をしないでください」「閉まる扉にご注意ください」。親切な日本。しかし、繰り返しが多すぎて、うるさい日本。

仕事中はとても親切な日本人。だが、職場を出ると人が変わる。電車で人を押しのけて座席に座る失礼な日本人。

外国に住んでいれば、どこの国であろうと、面白い発見があると思う。特に私の場合は、地球の反対側から来ているから、文化と習慣が違うのは不思議なことではない。10年ほど日本で暮らし、生活には慣れたが、毎日思いがけない出来事が起こり、相変わらず日本は面白いと感じている。

マリア・エレナ・ティシ「面白い日本の私」今西淳子、渥美国際交流奨学財団編『だから私は日本を選んだ！』ジャパンブック、2005より一部加筆修正

第4課
だい　か

太	タ　タイ ふとい　ふとる	太陽　太い たいよう　ふと
陽	ヨウ	太陽 たいよう
光	コウ ひかる　ひかり	光　観光 ひかり　かんこう
暗	アン くらい	暗い くら
屋	オク や	屋内　屋上　本屋　*部屋 おくない　おくじょう　ほんや　　へや
内	ナイ　ダイ うち	屋内　家内　案内する おくない　かない　あんない
飛	ヒ とぶ　とばす	飛びだす　飛ぶ　飛行機 と　　　　と　　ひこうき
鼻	ビ はな	鼻 はな
冷	レイ つめたい　ひえる ひや　ひやす ひやかす　さめる さます	冷たい　水で冷やす　冷蔵庫　冷房 つめ　　みず　ひ　　れいぞうこ　れいぼう
吸	キュウ すう	吸い込む　吸う す　こ　　す
込	こむ　こめる	吸い込む　道が込む す　こ　　みち　こ
信	シン	信号　自信 (8課)　信頼 (8課)　通信販売 しんごう　じしん　か　しんらい　か　つうしんはんばい 信じる しん
途	ト	途中 と　ちゅう
神	シン　ジン かみ　こう かん	神経　神経質（な）　神聖（な）　神社 しんけい　しんけいしつ　　しんせい　　じんじゃ

漢字練習　第4課　157

経	ケイ　キョウ へる	神経　経験　経済 しんけい　けいけん　けいざい
刺	シ さす　ささる	刺激　名刺　刺身 しげき　めいし　さしみ
激	ゲキ はげしい	刺激する しげき
花	カ はな	花粉症　花　花火　花びら　花見 かふんしょう　はな　はなび　はな　はなみ
粉	フン こ　こな	花粉症 かふんしょう
症	ショウ	花粉症 かふんしょう
割	カツ わり　われる　わる さく	2、3割　割合　コップが割れる　割引 わり　わりあい　わ　わりびき
状	ジョウ	症状　年賀状 しょうじょう　ねんがじょう
孫	ソン まご	子孫　孫 しそん　まご
般	ハン	一般的（な） いっぱんてき
差	サ さす	男女差　交差点 だんじょさ　こうさてん
興	コウ　キョウ おこる　おこす	興味深い　興味 きょうみぶか　きょうみ
深	シン ふかい　ふかまる ふかめる	興味深い　深い きょうみぶか　ふか
象	ゾウ　ショウ	生理現象　現象　印象（8課）　気象　象 せいりげんしょう　げんしょう　いんしょう　か　きしょう　ぞう

読み練習

1. 1) 太陽　　　　　　　2) 光　　　　　　　　3) 暗い
     （　　　　　　）　　（　　　　　　　　）　　（　　　　　　　い）

   4) 屋内　　　　　　　5) 飛びだす　　　　　6) 鼻
     （　　　　　　）　　（　　　　びだす）　　（　　　　　　）

   7) 冷たい　　　　　　8) 吸い込む　　　　　9) 信号
     （　　　　たい）　　（　い　　む）　　　　（　　　　　　）

   10) 途中　　　　　　11) 神経　　　　　　12) 刺激する
     （　　　　　　）　　（　　　　　　　）　　（　　　　　する）

   13) 花粉症　　　　　14) 2、3割　　　　　15) 症状
     （　　　　　　）　　（2、3　　　　）　　（　　　　　　）

   16) 子孫　　　　　　17) 一般的（な）　　18) 男女差
     （　　　　　　）　　（　　　　（な））　　（　　　　　　）

   19) 興味深い　　　　20) 生理現象
     （　　　　　い）　　（　　　　　　）

2. 1) 自覚　　　　　　　2) 親子
     （　　　　　　）　　（　　　　　　）

3. 1) 明るい ⇔ 暗い　　2) 冷たい ⇔ 温かい
     （　　るい）（　い）　（　　たい）（　　かい）

   3) 屋内 ⇔ 屋外
     （　　）（　　）

   4) 飛びだす　　　　　5) 飛行機
     （　　　びだす）　　（　　　　　）

   6) 冷たい　　　　　　7) 冷蔵庫
     （　　　たい）　　　（　ぞうこ　ぞうこ）

   8) 花粉症　　　　　　9) 花見
     （　　　　　　）　　（　　　　　　）

漢字練習　第4課 | 159

本文

くしゃみ

太陽の光が目に入った時や、暗い屋内から明るい所に出て、まぶ
しいと感じたとたん、くしゃみが飛びだすことがある。これを「光
くしゃみ反射」という。

本来、くしゃみは鼻に入った異物を鼻水とともに外に押しだそう
として起こる反射運動である。ほこりなどが鼻に入ったり、冷たい
空気を吸い込んだりすることなどがきっかけで起こる。しかし、光
を取り込むのは鼻ではなく目なのに、なぜくしゃみが起こるのだろ
うか。

これは目からの「まぶしい」という信号が、脳に伝わる途中で、
なぜかくしゃみを起こす神経を刺激するため、鼻がむずむずして、
くしゃみが出るのだ。花粉症のようなアレルギーと違い、「光くしゃ
み反射」のくしゃみは1回か多くても2、3回である。国内外の調査
によると、2、3割の人に「光くしゃみ」の自覚症状があると言われ
ている。また、その症状は子孫に遺伝すると考えられている。

ところで、日本語でくしゃみを表す音は「はくしょん」が一般的
だが、実際の音はどうだろうか。「へくしゅ」「はっくしょい」「く
しゅん」など、人によってさまざまである。面白いことに、くしゃ
みの音が親子でそっくりであるとか、くしゃみのしかたに男女差が
あるという話もある。くしゃみは興味深い生理現象である。

第5課
だい　か

過	カ すぎる　すごす あやまつ　あやまち	過ぎ　過ごす す　　　す
朝	チョウ あさ	朝晩　朝　朝ご飯　朝食 (7課) あさばん　あさ　あさ　はん　ちょうしょく　か 早朝　出勤する そうちょうしゅっきん
幾	キ いく	幾分 いくぶん
涼	リョウ すずしい　すずむ	涼しい すず
周	シュウ まわり	一周　池の周り いっしゅう　いけ　まわ
散	サン ちる　ちらす ちらかす　ちらかる	散歩 さんぽ
歩	ホ　ブ　フ あるく　あゆむ	散歩　歩いて　歩く さんぽ　ある　　　ある
秋	シュウ あき	秋 あき
口	コウ　ク くち	入口　出口　非常口　口　人口 いりぐち　でぐち　ひじょうぐち　くち　じんこう
撮	サツ とる	撮る と
抜	バツ ぬかす　ぬかる　ぬく ぬける	通り抜け とお　ぬ
禁	キン	禁止　通り抜け禁止　立入禁止　禁煙 きんし　とお　ぬ　きんし　たちいりきんし　きんえん
進	シン すすむ　すすめる	進入止め　進入　進路　技術が進む しんにゅうど　しんにゅう　しんろ　ぎじゅつ　すす
造	ゾウ つくる	造る つく

漢字練習　第5課 ｜ 161

静	セイ　ジョウ しず　しず**か** しず**まる**　しず**める**	静か（な） <small>しず</small>				
沿	エン そう	池沿い <small>いけ ぞ</small>				
道	ドウ　トウ みち	小道 <small>こ みち</small>	道 <small>みち</small>	道具 <small>どう ぐ</small>	北海道 <small>ほっかいどう</small>	水道 <small>すいどう</small>
浴	ヨク あ**びる**　あ**びせる**	浴びる <small>あ</small>				
息	ソク いき	息抜き <small>いき ぬ</small>	＊息子 <small>むすこ</small>			
穏	オン おだ**やか**	穏やか（な） <small>おだ</small>				
包	ホウ つつ**む**	包む <small>つつ</small>				
幸	コウ さいわ**い**　さち しあわ**せ**	幸せ <small>しあわ</small>	幸福感 <small>こうふくかん</small>			

読み練習

1. 1）過ぎ
　（　　　　　　ぎ）

2）朝晩
　（　　　　　　　　）

3）幾分
　（　　　　　　　　）

4）涼しい
　（　　　　　しい）

5）一周
　（　　　　　　　　）

6）散歩
　（　　　　　　　　）

7）秋
　（　　　　　　　　）

8）入口
　（　　　　　　　　）

9）撮る
　（　　　　　　る）

10）通り抜け
　（　　り　　け）

11）禁止
　（　　　　　　　　）

12）進入止め
　（　　　　　　め）

13）造る
　（　　　　　　る）

14）静か（な）
　（　　　　か（な））

15）池沿い
　（　　　　　　い）

16）小道
　（　　　　　　　　）

17）浴びる
　（　　　　びる）

18）息抜き
　（　　　　　　き）

19）穏やか（な）
　（　　やか（な））

20）包む
　（　　　　　む）

21）幸せ
　（　　　　せ）

2. 1）半ば
　（　　　　ば）

2）最初
　（　　　　　　　　）

3）気配
　（　　　　　　　　）

4）落ち葉
　（　　ち　　）

5）読書
　（　　　　　　　　）

6）最後
　（　　　　　　　　）

3. 1）進入
　（　　　　　　　　）

2）進める
　（　　　　める）

3）散歩
　（　　　　　　　　）

4）歩く
　（　　　　く）

5）写真を撮る
　（　　　る）

6）特許を取る
　とっきょ（　　る）

7）料理を作る
　（　　　る）

8）お酒を造る
　（　　　る）

漢字練習　第5課　｜　163

本文

私の町

　9月の半ばを過ぎ、朝晩幾分涼しくなって過ごしやすくなりました。 1

　私の住むアパートの近くに三井公園という公園があります。アパートから歩いて公園を一周して帰ってくると、45分ぐらい。ちょうどいい散歩コースなので、休日の朝、よく行きます。その三井公 5
園も秋の気配を見せつつあります。

　その公園を紹介します。最初の写真は公園の入口から撮ったものです。この公園は自転車の通り抜け禁止なので、入口に自転車進入止めが作られています。

　公園は大小2つの池を中心に造られています。この写真は小さい 10
ほうの池です。この池のほうが大きい池より自然に近く、静かなたたずまいを漂わせています。

　池沿いの小道を少し行ったところにベンチがあります。落ち葉がいっぱいで、何だか秋らしい景色でしょう。このベンチに座って、秋の日を浴びながら読書している人をよく見かけます。 15

　最後の写真は、子供たちが楽しげに遊んでいるものです。

　公園は息抜きに訪れる人が多いので、穏やかな空気に包まれています。住まいの近くにこういう公園があるのは幸せなことです。

第６課
だい　か

焼	ショウ やく　やける	かば焼き　焼き鳥　魚を焼く や　　や とり　さかな や 魚が焼ける さかな　や
平	ヘイ　ビョウ たいら　ひら	平均　平和 へいきん　へいわ
均	キン	平均 へいきん
倍	バイ	20数倍　２倍 すうばい　　ばい
江	コウ え	江戸　江戸時代 えど　　えどじだい
戸	コ と	江戸 えど
夏	カ　ゲ なつ	夏ばて　夏休み なつ　　なつやす
防	ボウ ふせぐ	防止 ぼうし
宣	セン	宣伝コピー　宣伝 せんでん　　せんでん
続	ゾク つづく　つづける	効果が続く　勉強を続ける こうか　つづ　べんきょう　つづ
短	タン みじかい	短い　短時間に みじか　たんじかん
期	キ　ゴ	期間　期間限定 きかん　きかんげんてい
集	シュウ あつめる　あつまる つどう	集中する　募集中　切手を集める しゅうちゅう　ぼしゅうちゅう　きって　あつ 人が集まる ひと　あつ
節	セツ　セチ ふし	節分　季節　調節する せつぶん　きせつ　ちょうせつ
巻	カン　まく まき	太巻きずし ふとま

漢字練習　第６課 ｜ 165

関	カン かか**わる** せき	関西　関東　関係　〜に関して かんさい　かんとう　かんけい　　　　かん
恵	エ　ケイ めぐ**む**	恵方 え ほう
商	ショウ あきなう	商業 しょうぎょう
業	ギョウ ゴウ わざ	商業　職業　営業　授業　卒業する しょうぎょう　しょくぎょう　えいぎょう　じゅぎょう　そつぎょう
主	シュ ス ぬし おも	主義　主人 しゅ ぎ　しゅじん
義	ギ	主義　講義 しゅ ぎ　こう ぎ
残	ザン のこ**る** のこ**す**	残る　残念　残業する のこ　ざんねん　ざんぎょう

166 ｜ 漢字練習　第6課

読み練習

1.
1）かば焼き
（かば　　　　き）

2）平均
（　　　　　　　）

3）20数倍
（20　　　　　　）

4）江戸
（　　　　　　　）

5）夏ばて
（　　　　ばて）

6）防止
（　　　　　　　）

7）宣伝コピー
（　　　コピー）

8）続く
（　　　　く）

9）短い
（　　　　い）

10）期間
（　　　　　　　）

11）集中する
（　　　　する）

12）節分
（　　　　　　　）

13）太巻きずし
（　　　きずし）

14）関西
（　　　　　　　）

15）恵方
（　　　　　　　）

16）商業
（　　　　　　　）

17）主義
（　　　　　　　）

18）残る
（　　　　る）

2.
1）前後
（　　　　　　　）

2）定着する
（　　　　する）

3）縁起のいい方向を向く
えんぎ　　　（　　　）（　　く）

4）幸運が訪れる
（　　　）（　　れる）

3.
1）短い ⇔ 長い
（　　い）（　　い）

2）関西 ⇔ 関東
（　　　）（　　　）

3）集中
（　　　　　　　）

4）集める
（　　　める）

5）残る
（　　　　る）

6）残念
ねん
（　　　ねん）

本文

この日に食べなきゃ、意味がない！

日本では1年中うなぎのかば焼きが買える。しかし、「土用のうし
の日」（7月20日前後）にはその売り上げが年平均の20数倍にも跳
ね上がるのだ。多くの人にとって、土用のうしの日は「うなぎを食
べずにはいられない日」ということだろう。

土用のうしの日にうなぎを食べる習慣は江戸時代の「夏ばて防止
にはうなぎがよい」という宣伝コピーから生まれたらしい。本当だ
としたら、200年以上もその効果が続いていることになる。

短い期間に売り上げが集中するものは、うなぎの他に「バレンタ
インデーのチョコレート」「クリスマスのケーキ」などがあるが、最
近定着しつつあるのが、「節分の太巻きずし」だ。これは元は関西
にあった「恵方巻き」を食べるという習慣だ。「節分の日に恵方［縁
起のいい方向］を向いて、太巻きずしを一気に食べると、その年に
幸運が訪れる」と言われている。この関西の習慣を、大手コンビニ
チェーンが関東に持ち込んで、広めたのだ。

商業主義から生まれる新しい食生活の習慣は、「土用のうしの日の
うなぎ」のように、200年後も残っているだろうか。

2005年8月7日　朝日新聞より一部加筆修正

168　漢字練習　第6課

第7課
だい　か

点	テン	二面性がある点　いい点 にめんせい　てん　　てん 試験の点が悪い　交差点 しけん　てん　わる　こうさてん
組	ソ くみ　くむ	組織　組み立てる そしき　く　た
門	モン かど	入門する　専門 にゅうもん　せんもん
共	キョウ とも	共にする　共働き とも　　ともばたら
新	シン あたらしい　あらた にい	新人　新年会　新聞　新鮮（な）　新しい しんじん　しんねんかい　しんぶん　しんせん　あたら
弟	ダイ　テイ　デ おとうと	弟子　弟　兄弟 でし　おとうと　きょうだい
与	ヨ あたえる	与える あた
冬	トウ ふゆ	冬　冬休み ふゆ　ふゆやす
砂	シャ　サ すな	砂だらけ　砂漠化 すな　　さばくか
張	チョウ はる	頑張る　緊張する がんば　きんちょう
風	フウ　フ かぜ　かざ	風呂　台風　風が吹く ふろ　たいふう　かぜ　ふ
兄	キョウ　ケイ あに	兄弟子　兄　兄弟　*お兄さん あにでし　あに　きょうだい　にい
背	ハイ せ　せい　そむく そむける	背中　背が高い せなか　せ　たか
流	リュウ　ル ながれる　ながす	背中を流す　音楽が流れる せなか　なが　おんがく　なが
片	ヘン かた	片付け　部屋を片付ける　荷物が片付く かたづ　へや　かたづ　にもつ　かたづ

漢字練習　第7課 ｜ 169

掃	ソウ はく	掃除 そうじ
除	ジ ジョ のぞく	掃除 そうじ
洗	セン あらう	洗濯　洗濯物　シャツを洗う　お手洗い せんたく　せんたくもの　　　あら　　　　て あら
濯	タク	洗濯 せんたく
再	サイ サ ふたた**び**	再び ふたた
量	リョウ はか**る**	大量　量　重さを量る たいりょう　りょう　おも　　はか
類	ルイ たぐ**い**	肉類　魚介類　種類 にくるい　ぎょかいるい　しゅるい
野	ヤ の	野菜　野球 や さい　や きゅう
菜	サイ な	野菜　野菜類 や さい　や さいるい
加	カ くわ**える**　くわ**わる**	加える　〜に加えて　参加する くわ　　　　　くわ　　　　さん か
力	リキ リョク ちから	力士　体力　日本語能力試験 りき し　たいりょく　に ほん ご のうりょく し けん
低	テイ ひく**い**　ひく**める** ひく**まる**	最低　低い さいてい　ひく
泣	キュウ な**く**	泣く な
勝	ショウ か**つ**　まさ**る**	勝つ　優勝する か　　　ゆうしょう
給	キュウ	給料 きゅうりょう
賞	ショウ	賞金 しょうきん
形	ケイ ギョウ かた　かたち	形　人形 かたち　にんぎょう

特別な読み方　＊相撲
　　　　　　　　すもう

読み練習

1. 1）点
（　　　　　）

2）組織
（　　　しき　　しき）

3）入門する
（　　　　　する）

4）共にする
（　　　にする）

5）新人
（　　　　　）

6）弟子
（　　　　　）

7）与える
（　　　える）

8）冬
（　　　　　）

9）砂だらけ
（　　　だらけ）

10）風呂
（　　ろ　ろ）

11）兄弟子
（　　　　　）

12）背中
（　　　　　）

13）流す
（　　　す）

14）片付け
（　　　け）

15）掃除
（　　　　　）

16）洗濯
（　　　　　）

17）再び
（　　　び）

18）大量
（　　　　　）

19）肉類
（にく　　　）

20）野菜
（　　　　　）

21）加える
（　　　える）

22）力士
（　　　　　）

23）最低
（　　　　　）

24）泣く
（　　　く）

25）勝つ
（　　　つ）

26）給料
（　　　　　）

27）賞金
（　　　　　）

28）頑張った
（がん　　った）

29）形
（　　　　　）

2. 1）寝食
（　　　　　）

2）体重
（　　　　　）

3）稽古を重ねる
（けいこ）（　　　ねる）

4）番付
（　　　　　）

3. 1）新人
（　　　　　）

2）新しい
（　　　しい）

3）兄　＋　弟　＝　兄弟
（　　）（　　　　）（　　　　　）

4）春　＋　夏　＋　秋　＋　冬　＝　四つの季節
（はる）（　　）（　　）（　　　）（き　　　）

5）最低　⇔　最高
（　　　　）（　　　　）

6）赤ちゃんが泣く
（　　く）

7）小鳥が鳴く
（　　く）

本文

お相撲さんの世界

どんな職業にも大変な面と面白い面がある。相撲取りの世界もこの二面性がある点は同じだ。

まず部屋という組織に入門する。入門してしばらくの間は、朝から晩まで同じ部屋の人と同じ所で寝食を共にする。新人の弟子たちに与えられる仕事は多い。毎朝4時半に起き、朝食は食べずに朝稽古をする。冬の寒い時でも裸ではだし。砂だらけ傷だらけになって頑張る。それが終わるのが11時。その後風呂場で兄弟子たちの背中を流す。風呂に入るのは一番最後。食事当番は食事を作る。食器などの後片付けの後、兄弟子たちが昼寝をしている間に掃除や洗濯。それが終わった後で、夕方まで昼寝をするのだが、これは体を休めないと、太れないからだ。当番は夕食も作らなければならない。再び後片付けをして、ようやく眠りにつく。朝が来るたびに、同じことを繰り返す。

食べる量もすごい。肉類・魚介類・豆腐・野菜類などを大量に入れた「ちゃんこ」と呼ばれる料理をたっぷり食べる。それに加え、体重が少ない新人力士は寝る前に最低お茶漬け2杯とバナナ10本は食べるように言われる。新人の中には泣きながら食べる力士もいる。

しかし、強くなってくると、相撲が面白くなる。面白いから、さらに稽古を重ねる。すると、もっと勝てるようになり、勝てば、番付が上がる。番付が上がれば、給料も上がり、勝った時賞金がもらえるようになり、頑張ったことがはっきり形になって表れてくる。だから面白い。

旭鷲山昇著、宮田修監修『土俵の上から見た不思議なニッポン人』扶桑社、2000より一部加筆修正
参考：日本相撲協会公式 website: http://www.sumo.or.jp/

172 | 漢字練習 第7課

第8課
だい　か

印	イン しるし	印象　矢印 いんしょう　やじるし
素	ソ　ス	要素 ようそ
容	ヨウ	内容　美容院 ないよう　びよういん
情	ジョウ　セイ なさけ	情報　表情 じょうほう　ひょうじょう
報	ホウ むくいる	情報　天気予報　報告　津波注意報 じょうほう　てんきよほう　ほうこく　つなみちゅういほう
聴	チョウ きく	聴覚情報　聴覚 ちょうかくじょうほう　ちょうかく
耳	ジ みみ	耳 みみ
装	ソウ　ショウ よそおう	服装 ふくそう
判	ハン　バン	判断する はんだん
断	ダン たつ　ことわる	判断する はんだん
説	セツ　ゼイ とく	説　説明する　小説 せつ　せつめい　しょうせつ
姿	シ すがた	姿勢 しせい
勢	セイ いきおい	姿勢 しせい
笑	ショウ えむ　わらう	*笑顔　笑う えがお　わら
顔	ガン かお	*笑顔　顔 えがお　かお

漢字練習　第8課　｜　173

頼	ライ たの**む**　たの**もしい** た**よる**	信頼　頼む しんらい　たの
寄	キ **よる**　**よせる**	寄りかかる　お年寄り よ　　　　　　　と し よ
威	イ	威圧感　威張る い あつかん　い ば
圧	アツ	威圧感 い あつかん
身	シン み	中身　身振り　身につける　刺身　独身 なか み　み ぶ　み　　　　　　さし み　どくしん

読み練習

1. 1）印象 　　　　　2）要素 　　　　　　3）内容
 （　　　　　　　） 　（　　　　　　　　） 　（　　　　　　　　）

 4）情報 　　　　　 5）聴覚 　　　　　　6）耳
 （　　　　　　　） 　（　　　　　　　　） 　（　　　　　　　　）

 7）服装 　　　　　 8）判断する 　　　　9）説
 （　　　　　　　） 　（　　　　　する） 　（　　　　　　　　）

 10）姿勢 　　　　 11）笑顔 　　　　　 12）信頼
 （　　　　　　　） 　（　　　　　　　　） 　（　　　　　　　　）

 13）寄りかかる 　　14）威圧感 　　　　15）中身
 （　　　りかかる） 　（　　　　　　　　） 　（　　　　　　　　）

2. 1）決定する 　　　2）非言語的（な）　　3）視覚
 （　　　　する） 　（　　　　　（な））　（　　　　　　　　）

 4）無表情 　　　　 5）事実 　　　　　　6）外見
 （　　　　　　　） 　（　　　　　　　　） 　（　　　　　　　　）

3. 1）動作 　　　　　2）作文 　　　　　　3）作る
 （　　　　　　　） 　（　　　　　　　　） 　（　　　　　　　る）

 4）笑顔 　　　　　 5）笑う
 （　　　　　　　） 　（　　　　　う）

 6）信頼 　　　　　 7）頼む
 （　　　　　　　） 　（　　　　　む）

 8）左 ＋ 右 ＝ 左右する
 （　　）（　　）（　　　する）

 9）中身 　　　　　 10）独身
 （　　　　　　　） 　（どく　　　　　）

漢字練習　第8課　｜　175

本文

第一印象

人の第一印象は何で決まるのだろうか。人の印象を決定する要素は言語的なものと非言語的なものに分けられる。言語的な要素というのは言葉や話の内容で、非言語的な要素というのは視覚情報（目からの情報）と聴覚情報（耳からの情報）である。視覚情報は服装やボディーランゲージなどのことで、聴覚情報は声の調子や話し方のことである。

言語的な要素から相手を判断する人はわずか数パーセントにすぎないという説がある。また、「人の印象は見た目が100%だ」と極端なことを言う人もいる。

では、非言語的な要素について考えてみよう。まず、視覚情報。これは服装さえ気をつければいいというものではなく、表情・姿勢・動作も重要なポイントである。例えば、笑顔を見せることや相手と目を合わせることは相手への信頼を伝える。一方、無表情だとやる気を感じさせない。また、前かがみの姿勢は自信がなさそうに見える。椅子の背もたれに寄りかかりすぎると、威圧感を与えかねない。次に、聴覚情報。話す時、声の調子や大きさやスピードは状況に合うように気をつけよう。

「人間は中身が大切だ」と一般的には言われているものの、見た目や話し方が人の第一印象を大きく左右するのは事実のようだ。したがって、自分が言いたいことをより効果的に伝えるためには、自分の外見や話し方にも注意する必要がある。

索引
さくいん

（数字はその言葉が最初に出てくる課を表します。）

あ

愛（あい）　4
相変わらず（あいかわらず）　3
相性（あいしょう）　2
愛情（あいじょう）　3
愛する（あいする）　6
アイドル　7
愛らしい（あいらしい）　8
合う〔状況に〜〕
　（あう〔じょうきょうに〜〕）　8
明らか(な)（あきらか(な)）　5
あきれる　4
悪質(な)（あくしつ(な)）　3
アクセス　1
憧れる（あこがれる）　2
朝稽古（あさげいこ）　7
朝晩（あさばん）　1
味わう（あじわう）　6
与える（あたえる）　7
当たる〔抽選に〜〕
　（あたる〔ちゅうせんに〜〕）　2
あちこち　3
当てはまる（あてはまる）　7
後片付け（あとかたづけ）　7
アドバイス　1
穴（あな）　7
兄弟子（あにでし）　7
アニメーター　7
アピールする　7
浴びる〔注目を〜〕
　（あびる〔ちゅうもくを〜〕）　1
浴びる〔日を〜〕（あびる〔ひを〜〕）　5
油っこい（あぶらっこい）　6
あふれる　4
表れる〔形に〜〕
　（あらわれる〔かたちに〜〕）　7
アルコール　6
アレルギー　4
合わせる〔歌に〜〕
　（あわせる〔うたに〜〕）　1
合わせる〔目を〜〕（あわせる〔めを〜〕）　8

い

威圧感〔〜を与える〕
　（いあつかん〔〜をあたえる〕）　8
〜以外（〜いがい）　2
生かす（いかす）　2
息抜き（いきぬき）　5
生きる（いきる）　4
幾分（いくぶん）　5
池沿い（いけぞい）　5
石（いし）　2
医師（いし）　7
いずれも　2
依存症（いそんしょう）　3
位置（いち）　5
位置する（いちする）　5
一人前（いちにんまえ）　7
一周する（いっしゅうする）　5
一生（いっしょう）　2
いっせいに　4
一定の（いっていの）　6
１泊２日（いっぱくふつか）　2
一般的(な)（いっぱんてき(な)）　4
一方（いっぽう）　6
遺伝する（いでんする）　4
命（いのち）　3
威張る（いばる）　8
異物（いぶつ）　4
イベント　4
いやし　1
いやす　1
いよいよ　5
意欲（いよく）　7
依頼する（いらいする）　4
いらいらする　1
医療技術（いりょうぎじゅつ）　4
入れる〔手に〜〕（いれる〔てに〜〕）　2
色づく（いろづく）　5
いろんな　3
飲食物（いんしょくぶつ）　4
インテリア　3

索引　あ—い　｜　177

う

うがい　6
浮かぶ〔頭に～〕（うかぶ〔あたまに～〕）　3
浮き橋（うきはし）　5
受ける〔注文を～〕
　（うける〔ちゅうもんを～〕）　7
疑う（うたがう）　8
打ち合わせ（うちあわせ）　3
うつす〔風邪を～〕（うつす〔かぜを～〕）　4
うどん　1
うなぎ　6
うなぎのかば焼き（うなぎのかばやき）　6
うなぎ上り（うなぎのぼり）　6
うまみ　1
生まれ変わる（うまれかわる）　6
海山（うみやま）　5
占い（うらない）　2
占う（うらなう）　2
売り上げ（うりあげ）　1
うわさ　2
運航（うんこう）　7
運動神経（うんどうしんけい）　7

え

影響（えいきょう）　6
栄養（えいよう）　8
栄養ドリンク（えいようドリンク）　7
笑顔（えがお）　1
江戸時代（えどじだい）　6
江戸城跡（えどじょうあと）　5
恵方（えほう）　6
演歌（えんか）　1
円滑（な）（えんかつ（な））　3
縁起のいい（えんぎのいい）　2
円グラフ（えんグラフ）　6
演奏する〔楽器を～〕
　（えんそうする〔がっきを～〕）　1

お

お祝い事（おいわいごと）　2
旺盛（な）（おうせい（な））　7
大型（おおがた）　5
オークション　2
大手（おおて）　6

丘（おか）　5
屋内（おくない）　4
贈り物（おくりもの）　2
贈る（おくる）　6
起こす〔くしゃみを～〕
　（おこす〔くしゃみを～〕）　4
起こる〔出来事が～〕
　（おこる〔できごとが～〕）　3
押さえる（おさえる）　3
おじぎ　5
押し込む（おしこむ）　3
押しだす（おしだす）　4
押しのける（おしのける）　3
お相撲さん（おすもうさん）　7
お節料理（おせちりょうり）　6
穏やか（な）（おだやか（な））　5
落ち着き（おちつき）　6
落ち着く〔心が～〕
　（おちつく〔こころが～〕）　1
落ち葉（おちば）　5
お茶漬け（おちゃづけ）　7
落とし物（おとしもの）　3
驚く（おどろく）　4
思いがけない（おもいがけない）　3
思い出（おもいで）　2
親子（おやこ）　4
オリンピック　3
折れ線グラフ（おれせんグラフ）　6
音楽療法（おんがくりょうほう）　1

か

外見（がいけん）　8
改札口（かいさつぐち）　4
開始（かいし）　4
外出先（がいしゅつさき）　3
海水（かいすい）　4
回数（かいすう）　4
回復する（かいふくする）　3
カウンター　7
画家（がか）　5
価格（かかく）　2
輝く（かがやく）　5
かかる〔インフルエンザに～〕　4
書き直す（かきなおす）　1

画一的（な）（かくいつてき（な））　3
学習（がくしゅう）　5
画数（かくすう）　2
拡大する〔事業を～〕
　（かくだいする〔じぎょうを～〕）　8
駆け込み乗車禁止
　（かけこみじょうしゃきんし）　4
欠ける（かける）　7
かける〔言葉を～〕
　（かける〔ことばを～〕）　4
囲む（かこむ）　5
重ねる〔稽古を～〕
　（かさねる〔けいこを～〕）　7
価値観（かちかん）　5
楽器（がっき）　1
学校給食（がっこうきゅうしょく）　6
かつて　5
活動的（な）（かつどうてき（な））　7
活発（な）（かっぱつ（な））　1
家庭的（な）（かていてき（な））　3
華道（かどう）　1
加熱する（かねつする）　6
金持ち（かねもち）　2
可能性（かのうせい）　4
かば　2
花粉（かふん）　4
花粉症（かふんしょう）　4
我慢する（がまんする）　2
髪型（かみがた）　7
かゆみ　4
からかう　3
カルチャーショック　1
変わる〔人が～〕（かわる〔ひとが～〕）　3
感覚（かんかく）　1
関係（かんけい）　2
関係する〔季節に～〕
　（かんけいする〔きせつに～〕）　6
観察（かんさつ）　2
患者（かんじゃ）　6
感情（かんじょう）　1
勘定する（かんじょうする）　2
関心（かんしん）　2
完成する（かんせいする）　1
感想（かんそう）　3

監督（かんとく）　2
看板（かんばん）　4
関連する（かんれんする）　2

き

記憶力（きおくりょく）　3
気温（きおん）　1
企画する（きかくする）　7
期間（きかん）　6
起業する（きぎょうする）　2
旗手（きしゅ）　5
奇数（きすう）　2
きずな　6
季節感（きせつかん）　6
帰宅（きたく）　4
きちょうめん（な）　3
きっかけ　1
気づく（きづく）　8
気に入る（きにいる）　2
気になる（きになる）　7
記入する（きにゅうする）　4
機能（きのう）　7
寄付（きふ）　5
希望（きぼう）　1
決まる（きまる）　6
決めつける（きめつける）　3
疑問（ぎもん）　3
キャッチコピー　3
休日（きゅうじつ）　2
休息（きゅうそく）　8
器用（な）（きよう（な））　7
業績（ぎょうせき）　3
協調性（きょうちょうせい）　7
興味深い（きょうみぶかい）　4
共有する（きょうゆうする）　3
協力する（きょうりょくする）　2
魚介（ぎょかい）　7
漁獲量（ぎょかくりょう）　6
極端（な）（きょくたん（な））　8
嫌う（きらう）　2
霧（きり）　7
キロカロリー　6
近況（きんきょう）　5
筋肉痛（きんにくつう）　4

索引　き　｜　179

近年（きんねん）5

く

苦（く）2
偶数（ぐうすう）2
クーラー　6
くしゃみ　4
崩す〔体調を～〕
　（くずす〔たいちょうを～〕）3
癖（くせ）7
具体的（な）（ぐたいてき（な））8
口ずさむ（くちずさむ）1
くっきり　3
配る（くばる）3
暮らし（くらし）4
暮らす（くらす）3
比べる（くらべる）3
クリーニング店（クリーニングてん）3
繰り返し（くりかえし）3
繰り返す（くりかえす）7
クリスマスソング　5
くれぐれも　5

け

経営（けいえい）3
計画（けいかく）2
景気（けいき）4
稽古（けいこ）7
軽視する（けいしする）8
ゲームソフト　5
化粧する（けしょうする）5
血液型（けつえきがた）2
結局（けっきょく）4
決定する（けっていする）8
欠点（けってん）7
結論（けつろん）2
気配（けはい）5
言語的（な）（げんごてき（な））8
現在（げんざい）5
現代（げんだい）1

こ

恋しい（こいしい）5
行為（こうい）3

好意的（な）（こういてき（な））3
幸運（こううん）2
効果（こうか）1
効果的（な）（こうかてき（な））1
効果的に（こうかてきに）8
好奇心（こうきしん）7
皇居（こうきょ）5
高層ビル（こうそうビル）5
高度（な）（こうど（な））1
構内〔駅～〕（こうない〔えき～〕）1
高熱（こうねつ）4
幸福（な）（こうふく（な））8
効率（こうりつ）7
コーラス　1
語学（ごがく）7
国籍（こくせき）3
国内外（こくないがい）4
国民性（こくみんせい）3
個々に（ここに）8
心がける（こころがける）8
心細い（こころぼそい）2
コスト　1
個性的（な）（こせいてき（な））7
こたえる　4
こだわる〔数字に～〕
　（こだわる〔すうじに～〕）2
国旗（こっき）5
～ごと〔週末～〕
　（～ごと〔しゅうまつ～〕）3
異なる（ことなる）2
言葉遣い（ことばづかい）8
子供っぽい（こどもっぽい）8
ことわざ　2
木の葉（このは）5
好み（このみ）2
小道（こみち）5
コミュニケーション　1
子守歌（こもりうた）1
五輪（ごりん）5
転ぶ（ころぶ）4
混雑（こんざつ）3
コンサルタント　3
コンテンツ　1
コンビニチェーン　6

さ

差（さ）1
サービス精神（サービスせいしん）7
最後（さいご）5
最初（さいしょ）5
最新（さいしん）5
最大（さいだい）6
最低（さいてい）7
サイト　1
再度（さいど）8
再利用（さいりよう）1
さえずり　1
坂（さか）5
盛ん（な）（さかん（な））3
詐欺事件（さぎじけん）6
作戦タイム（さくせんタイム）8
昨年（さくねん）1
酒臭い（さけくさい）3
避ける（さける）2
座席（ざせき）3
サッカー好き（な）（サッカーずき（な））1
早急に（さっきゅうに）3
さっぱりしている　6
サポートする　5
左右する（さゆうする）8
さらさらした　4
さらに　7
サラリーマン　8
参加者（さんかしゃ）7
産業（さんぎょう）5
残念（な）（ざんねん（な））4

し

死（し）2
自覚症状〔〜がある〕
　（じかくしょうじょう〔〜がある〕）4
視覚情報（しかくじょうほう）8
しかも　5
四季（しき）2
時期（じき）3
自給率（じきゅうりつ）6
事業（じぎょう）8
仕組み（しくみ）4
刺激する（しげきする）4

資源（しげん）1
自己アピール（じこアピール）7
仕事場（しごとば）8
自信（じしん）7
自信満々に（じしんまんまんに）8
姿勢（しせい）8
自然（な）（しぜん（な））8
子孫（しそん）4
次第に（しだいに）1
下向き（したむき）8
試着する（しちゃくする）3
視聴（しちょう）1
しっかり　6
実施する（じっしする）7
湿度（しつど）7
失礼（な）（しつれい（な））3
支払い（しはらい）5
死亡率（しぼうりつ）4
自慢する（じまんする）3
しみ　3
事務的（な）（じむてき（な））7
占める〔18.3％を〜〕
　（しめる〔18.3％を〜〕）6
〜社〔Ａ〜〕（〜しゃ〔Ａ〜〕）3
社会常識（しゃかいじょうしき）7
社会人（しゃかいじん）3
社交的（な）（しゃこうてき（な））7
借金（しゃっきん）7
車内（しゃない）3
習慣化（しゅうかんか）6
終業時間（しゅうぎょうじかん）4
集合時間（しゅうごうじかん）7
就職先（しゅうしょくさき）2
就職する（しゅうしょくする）6
住宅街（じゅうたくがい）5
集中豪雨（しゅうちゅうごうう）4
集中する（しゅうちゅうする）2
習得する（しゅうとくする）1
柔軟性（じゅうなんせい）7
収入（しゅうにゅう）8
重要（な）（じゅうよう（な））2
重要視する（じゅうようしする）1
終了（しゅうりょう）4

索引　さ〜し　181

主義〔商業～〕
　（しゅぎ〔しょうぎょう～〕）6
修業（しゅぎょう）7
熟語（じゅくご）2
受験生（じゅけんせい）4
主体性（しゅたいせい）7
主体的に（しゅたいてきに）7
首都（しゅと）5
旬（しゅん）6
順（じゅん）4
春夏秋冬（しゅんかしゅうとう）2
使用（しよう）8
乗客（じょうきゃく）3
商業（しょうぎょう）6
状況（じょうきょう）8
症状（しょうじょう）4
状態（じょうたい）3
商店街（しょうてんがい）5
消費期限（しょうひきげん）6
商品（しょうひん）2
情報収集（じょうほうしゅうしゅう）7
正面（しょうめん）5
省略する（しょうりゃくする）1
食（しょく）6
食材（しょくざい）6
食事会（しょくじかい）2
食生活（しょくせいかつ）4
職人（しょくにん）7
植物（しょくぶつ）4
食器（しょっき）7
書道（しょどう）1
事例（じれい）1
神経（しんけい）4
進出（しんしゅつ）5
寝食（しんしょく）7
新人（しんじん）7
進入止め（しんにゅうどめ）5
辛抱（しんぼう）2
進歩する（しんぽする）4
信頼（しんらい）8
新緑（しんりょく）5

す

吸い込む（すいこむ）4
数～〔～千万〕（すう～〔～せんまん〕）2
数字（すうじ）2
数倍（すうばい）6
優れる（すぐれる）3
過ごす（すごす）5
進む〔都市化が～〕
　（すすむ〔としかが～〕）5
勧める（すすめる）8
スタッフ　1
頭痛（ずつう）4
すっぱい　6
ステージ　7
ステレオタイプ　3
ストレス解消（ストレスかいしょう）1
ストレス解消法
　（ストレスかいしょうほう）1
砂（すな）7
スピード　8
全て（すべて）8
住まい（すまい）5
済ませる（すませる）5
澄む〔空気が～〕（すむ〔くうきが～〕）3
相撲取り（すもうとり）7
ずらりと　5
する〔耳に～〕（する〔みみに～〕）3
すると　7

せ

性格（せいかく）2
生活環境（せいかつかんきょう）5
星座（せいざ）2
生産国（せいさんこく）6
生産量（せいさんりょう）6
誠実（な）（せいじつ（な））1
精神（せいしん）1
成人する（せいじんする）8
成長（せいちょう）1
成長期（せいちょうき）6
生年月日（せいねんがっぴ）2
性別（せいべつ）6
姓名判断（せいめいはんだん）2
生理現象（せいりげんしょう）4

セール　2
せせらぎ　1
説（せつ）　8
摂取カロリー（せっしゅカロリー）　6
接する（せっする）　5
設置する（せっちする）　5
節分（せつぶん）　6
設立する（せつりつする）　3
背中（せなか）　7
背もたれ〔～に寄りかかる〕
　（せもたれ〔～によりかかる〕）　8
セラピー　1
～前後（～ぜんご）　6
全国一（ぜんこくいち）　6
選手（せんしゅ）　4
選手団（せんしゅだん）　5
宣伝コピー（せんでんコピー）　6
宣伝文句（せんでんもんく）　3
先輩（せんぱい）　5
専門書（せんもんしょ）　7

そ
増加する（ぞうかする）　5
掃除機（そうじき）　4
想像（そうぞう）　3
相談しあう（そうだんしあう）　3
相談室（そうだんしつ）　4
送料（そうりょう）　4
組織（そしき）　7
卒業旅行（そつぎょうりょこう）　4
そっくり（な）　4
そのため　2
そば　1
それぞれ　1
それとも　3

た
ターゲットにする　5
～代（～だい）　1
体育祭（たいいくさい）　4
第一印象（だいいちいんしょう）　8
大企業（だいきぎょう）　5
大嫌い（な）（だいきらい（な））　2
滞在する（たいざいする）　3

大小（だいしょう）　5
態度（たいど）　3
大都市（だいとし）　2
太平洋（たいへいよう）　5
待望（たいぼう）　7
大量に（たいりょうに）　7
だが　3
～だけでなく～も　1
竹の子（たけのこ）　7
出す〔送料を～〕
　（だす〔そうりょうを～〕）　4
出す〔例に～〕（だす〔れいに～〕）　3
助ける（たすける）　3
ただ　3
たたく　4
ただし　2
たたずまい　5
漂わせる（ただよわせる）　5
たっぷり　7
縦（たて）　3
立てる〔音を～〕（たてる〔おとを～〕）　1
他人（たにん）　3
種（たね）　3
たびたび　3
タブー　2
だます　6
タワーマンション　5
探究心（たんきゅうしん）　7
単語（たんご）　3
団体（だんたい）　5
団体行動（だんたいこうどう）　3
団地（だんち）　5
暖冬（だんとう）　2
担当者（たんとうしゃ）　3
段落（だんらく）　1

ち
血（ち）　7
チェックする　3
地形（ちけい）　3
中央部（ちゅうおうぶ）　5
中級（ちゅうきゅう）　1
中継する〔試合を～〕
　（ちゅうけいする〔しあいを～〕）　6

索引　そ―ち　｜　183

中高生（ちゅうこうせい）　5
中国語圏（ちゅうごくごけん）　2
忠実（な）（ちゅうじつ（な））　2
中心部（ちゅうしんぶ）　5
抽選（ちゅうせん）　2
注文する（ちゅうもんする）　1
聴覚情報（ちょうかくじょうほう）　8
長時間（ちょうじかん）　8
頂上（ちょうじょう）　7
治療（ちりょう）　1

つ

追究する（ついきゅうする）　1
次いで（ついで）　6
〜通（〜つう）　3
通勤電車（つうきんでんしゃ）　3
通じる（つうじる）　2
月別（つきべつ）　6
つく〔値段が〜〕（つく〔ねだんが〜〕）　2
つく〔眠りに〜〕（つく〔ねむりに〜〕）　7
つける〔体力を〜〕
　（つける〔たいりょくを〜〕）　4
伝わる（つたわる）　4
包まれる〔空気に〜〕
　（つつまれる〔くうきに〜〕）　5
務める〔旗手を〜〕
　（つとめる〔きしゅを〜〕）　5
つまり　3
詰まる〔鼻が〜〕（つまる〔はなが〜〕）　4
爪（つめ）　7
強い〔ストレスに〜〕
　（つよい〔ストレスに〜〕）　7
強み（つよみ）　7
つらい　1

て

出会い（であい）　3
手遊び（てあそび）　1
手洗い（てあらい）　6
定義（ていぎ）　4
ディズニーランド　3
定着する（ていちゃくする）　6
程度（ていど）　1
ディベート　8

テーマ　1
出来事（できごと）　3
適度（な）（てきど（な））　8
手頃（な）（てごろ（な））　7
弟子（でし）　7
手順（てじゅん）　8
手数料（てすうりょう）　2
鉄道（てつどう）　5
手放す（てばなす）　3
テレビ離れ（テレビばなれ）　1
伝言（でんごん）　3
点字ブロック（てんじブロック）　6
転職（てんしょく）　2

と

〜度（〜ど）　4
問い合わせ（といあわせ）　4
〜道（〜どう）　1
動作（どうさ）　8
東西（とうざい）　5
東西南北（とうざいなんぼく）　5
どうしても　7
当社（とうしゃ）　4
同数（どうすう）　8
当番（とうばん）　7
豆腐（とうふ）　7
透明（な）（とうめい（な））　4
道路工事（どうろこうじ）　2
討論（とうろん）　8
通す〔年間を〜〕
　（とおす〔ねんかんを〜〕）　6
通り抜け禁止（とおりぬけきんし）　5
都会（とかい）　3
ドキュメント　1
解く（とく）　4
得意げ（な）（とくいげ（な））　5
読書する（どくしょする）　5
匿名（とくめい）　3
都市化（としか）　5
飛び込み禁止（とびこみきんし）　4
飛び込む（とびこむ）　4
飛びだし禁止（とびだしきんし）　4
飛びだす（とびだす）　1
扉（とびら）　3

共にする（ともにする）　7
土用のうしの日（どようのうしのひ）　6
ドラえもん　3
トラブル　8
取り組む（とりくむ）　2
取り込む（とりこむ）　4
努力（どりょく）　1
とる〔コミュニケーションを～〕　1
とる〔例に～〕（とる〔れいに～〕）　2
トレーニング　7
泥（どろ）　7

な

内容（ないよう）　1
治す（なおす）　7
中食（なかしょく）　6
流す〔情報を～〕
　（ながす〔じょうほうを～〕）　3
流す〔背中を～〕
　（ながす〔せなかを～〕）　7
流す〔涙を～〕（ながす〔なみだを～〕）　6
半ば（なかば）　5
仲間（なかま）　2
中身（なかみ）　8
流れる〔歌が～〕
　（ながれる〔うたが～〕）　5
流れる〔川が～〕
　（ながれる〔かわが～〕）　1
鳴き声（なきごえ）　1
懐かしい（なつかしい）　4
夏ばて（なつばて）　6
斜め（ななめ）　5
生（なま）　6
悩み（なやみ）　1
鳴る（なる）　4
何だか（なんだか）　5
ナンバー　2

に

握る〔すしを～〕（にぎる〔すしを～〕）　7
～に対して（～にたいして）　3
日中（にっちゅう）　1
二度と（にどと）　2
日本酒（にほんしゅ）　5

二面性（にめんせい）　7
入荷する（にゅうかする）　7
入社（にゅうしゃ）　2
入門する〔相撲部屋に～〕
　（にゅうもんする〔すもうべやに～〕）　7
入浴（にゅうよく）　3
似る（にる）　2
人間（にんげん）　8
人間関係（にんげんかんけい）　1

ね

ネット　6
粘り強い（ねばりづよい）　7
眠り（ねむり）　7
年平均（ねんへいきん）　6
年齢（ねんれい）　6

の

脳（のう）　4
農家（のうか）　5
能力（のうりょく）　8
ノック　4
伸び（のび）　6
伸びる（のびる）　3
述べ合う（のべあう）　8
述べる（のべる）　8
飲み会（のみかい）　3
飲んべえ（のんべえ）　3

は

廃棄処分（はいきしょぶん）　6
配信（はいしん）　1
バイト　3
入る〔手に～〕（はいる〔てに～〕）　2
入る〔目に～〕（はいる〔めに～〕）　4
ハウス栽培（ハウスさいばい）　1
生える〔歯が～〕（はえる〔はが～〕）　7
吐き気（はきけ）　8
拍（はく）　1
激しい（はげしい）　5
励ます（はげます）　1
始め（はじめ）　1
バスターミナル　5

バター　6
裸（はだか）　7
はだし　7
発想（はっそう）　7
発展する（はってんする）　5
発売（はつばい）　3
派手（な）（はで（な））　3
鼻水（はなみず）　4
跳ね上がる（はねあがる）　6
場面（ばめん）　8
ばらまく　3
バランス　8
バレンタインデー　6
パワー　4
半額（はんがく）　2
反射運動（はんしゃうんどう）　4
半袖（はんそで）　1
半ダース（はんダース）　2
反対側（はんたいがわ）　3
判断材料（はんだんざいりょう）　2
判断する（はんだんする）　8
番付（ばんづけ）　7
反論（はんろん）　8

ひ

日（ひ）　5
ピアス　5
日帰り（ひがえり）　2
光（ひかり）　4
引き受ける（ひきうける）　3
引き起こす（ひきおこす）　8
秘訣（ひけつ）　1
非言語的（な）（ひげんごてき（な））　8
ビジネス　8
ビタミンＣ（ビタミンシー）　7
筆記用具（ひっきようぐ）　7
筆者（ひっしゃ）　3
否定的（な）（ひていてき（な））　3
一組（ひとくみ）　2
日増しに（ひましに）　5
秘密（ひみつ）　2
百聞は一見にしかず
　（ひゃくぶんはいっけんにしかず）　3
表現（ひょうげん）　8

病室（びょうしつ）　2
表情（ひょうじょう）　8
評判（ひょうばん）　7
昼寝（ひるね）　7
広がる（ひろがる）　5
広まる（ひろまる）　3
広める（ひろめる）　6
品質（ひんしつ）　8

ふ

ファッション　2
ファン　4
風景（ふうけい）　5
フェイクニュース　3
フェスティバル　1
深い〔人間関係が〜〕
　（ふかい〔にんげんかんけいが〜〕）　7
普及率（ふきゅうりつ）　7
服装（ふくそう）　2
不足する（ふそくする）　6
再び（ふたたび）　7
普段（ふだん）　3
負担する（ふたんする）　4
復旧作業（ふっきゅうさぎょう）　4
太巻きずし（ふとまきずし）　6
麓（ふもと）　5
プライド　3
プラス　1
ブランコ　5
プレート　2
プロ　4
プロジェクトチーム　4
風呂場（ふろば）　7
プロポーズする　8
雰囲気（ふんいき）　3
文章（ぶんしょう）　1

へ

ペア　2
閉会式（へいかいしき）　5
平均（へいきん）　1
平均寿命（へいきんじゅみょう）　3
ベジタリアン　3
減り続ける（へりつづける）　6

ベル　4
変換する（へんかんする）　8
ベンチ　5
返品（へんぴん）　4

ほ

ポイント　8
棒グラフ（ぼうグラフ）　6
方向（ほうこう）　6
報告（ほうこく）　1
防止〔夏ばて〜〕（ぼうし〔なつばて〜〕）　6
ほえる　4
ホームページ　1
保護者（ほごしゃ）　7
ほこり　4
保証（ほしょう）　7
ボディーランゲージ　8
ほぼ　5
ほほえむ　8
本番（ほんばん）　5

ま

マイナス　1
マイペース（な）　3
前かがみ（まえかがみ）　8
まさに　3
待合室（まちあいしつ）　1
間違う（まちがう）　3
全く（まったく）　5
まとまり　1
まとめ　2
学ぶ（まなぶ）　7
マニュアル　1
まね　8
招く〔誤解を〜〕（まねく〔ごかいを〜〕）　8
まぶしい　4
満開（まんかい）　5
漫画家（まんがか）　7

み

見失う（みうしなう）　3
ミス　8
見た目（みため）　8

満ちる〔雰囲気に〜〕
　（みちる〔ふんいきに〜〕）　3
皆（みな）　5
見直す〔食生活を〜〕
　（みなおす〔しょくせいかつを〜〕）　6
身につける（みにつける）　7
ミニドレス　8
〜未満（〜みまん）　2
見る〔様子を〜〕（みる〔ようすを〜〕）　4

む

向かい（むかい）　5
向く（むく）　6
結ぶ（むすぶ）　1
むずむずする　4
胸（むね）　4
無表情（むひょうじょう）　8
無理やり（むりやり）　3

め

芽（め）　7
〜名〔資格〜〕（〜めい〔しかく〜〕）　7
恵まれる〔愛に〜〕
　（めぐまれる〔あいに〜〕）　4
目立つ〔伸びが〜〕（めだつ〔のびが〜〕）　6
メダリスト　3
メディア　1
めまい　8
面（めん）　3
面する（めんする）　5
面積（めんせき）　5
メンバー　4

も

目前（もくぜん）　4
もたらす〔効果を〜〕
　（もたらす〔こうかを〜〕）　1
持ち込み禁止（もちこみきんし）　4
持ち込む（もちこむ）　6
持つ〔自信を〜〕（もつ〔じしんを〜〕）　7
元（もと）　6
求める（もとめる）　1

や

八百屋（やおや）　1
焼き肉（やきにく）　6
約〜（やく〜）　4
休める（やすめる）　4
薬局（やっきょく）　3
やはり　8
やる気（やるき）　7

ゆ

ユーザー　1
優秀(な)（ゆうしゅう(な)）　8
夕食（ゆうしょく）　7
友人（ゆうじん）　1
ユーチューバー　7
ユニーク(な)　7
ユニセックスファッション　5

よ

陽気(な)（ようき(な)）　3
要素（ようそ）　8
要望（ようぼう）　7
ようやく　7
横ばい（よこばい）　6
予想する（よそうする）　1
寄りかかる（よりかかる）　8
寄る（よる）　4
喜び（よろこび）　1
喜ぶ（よろこぶ）　4

ら

来場者（らいじょうしゃ）　1
落第する（らくだいする）　3
ラッシュアワー　3

り

リーダーシップ　1
力士（りきし）　7
リズム　1
リズム感（リズムかん）　1
良心（りょうしん）　3
療法士（りょうほうし）　1
料理人（りょうりにん）　7

〜力〔コミュニケーション〜〕
　（〜りょく〔コミュニケーション〜〕）　7
リラックスする　1

る

〜類（〜るい）　6

れ

冷静(な)（れいせい(な)）　7
列島（れっとう）　5

ろ

路線（ろせん）　5
ロック　1

わ

若者（わかもの）　3
わざわざ　3
わずか　8
〜割（〜わり）　3
割り切れる（わりきれる）　2

著者

平井悦子

日本語講師 著書に『中級へ行こう 日本語の文型と表現55 第2版』『中級を学ぼう 日本語の文型と表現82 中級中期』『みんなの日本語初級Ⅰ 書いて覚える文型練習帳 第2版』『同 初級Ⅱ 第2版』『クラス活動集101』『続・クラス活動集131』（以上共著、スリーエーネットワーク）がある。

三輪さち子

日本語講師 著書に『中級へ行こう 日本語の文型と表現55 第2版』『中級を学ぼう 日本語の文型と表現82 中級中期』『みんなの日本語初級Ⅰ 書いて覚える文型練習帳 第2版』『同 初級Ⅱ 第2版』『クラス活動集101』『続・クラス活動集131』（以上共著、スリーエーネットワーク）がある。

翻訳

英語 株式会社アーバン・コネクションズ
中国語 鄭文全
韓国語 韓文化言語工房 中村克哉
ベトナム語 ベトナムトレーディング株式会社

イラスト　　　　　　　　　　　　**カバーデザイン**
内山洋見　　　　　　　　　　　　　柳本あかね

中級を学ぼう
日本語の文型と表現56 中級前期 第2版

2007年9月20日 初版第1刷発行
2019年3月5日 第2版第1刷発行
2022年7月11日 第4刷発行

著　者　　平井悦子　三輪さち子
発行者　　藤嵜政子
発　行　　株式会社スリーエーネットワーク
　　　　　〒102-0083　東京都千代田区麹町3丁目4番
　　　　　　　　　　　トラスティ麹町ビル2F
　　　　　電話　営業　03（5275）2722
　　　　　　　　編集　03（5275）2725
　　　　　https://www.3anet.co.jp/
印　刷　　萩原印刷株式会社

ISBN978-4-88319-788-0　C0081
落丁・乱丁本はお取替えいたします。
本書の全部または一部を無断で複写複製（コピー）することは著作権法上での例外を除き、禁じられています。

スリーエーネットワークの日本語教材

■ 初級から中級への橋渡しに最適な総合教科書

中級へ行こう
日本語の文型と表現55 [第2版]

平井悦子、三輪さち子 ● 著

B5判 179頁+別冊47頁(新出語 英語/中国語/韓国語/ベトナム語対訳付・解答)
CD 1枚付 2,420円(税込) (ISBN978-4-88319-728-6)

■ 『中級へ行こう』を学び終えた方に最適

中級を学ぼう
日本語の文型と表現56 中級前期 [第2版]

平井悦子、三輪さち子 ● 著

B5判 188頁+別冊75頁(新出語 英語/中国語/韓国語/ベトナム語対訳付・解答・聴解スクリプト)
CD 1枚付 2,420円(税込) (ISBN978-4-88319-788-0)

■ 中級レベルの、より実践的な力をつけるために

中級を学ぼう
日本語の文型と表現82 中級中期

平井悦子、三輪さち子 ● 著

B5判 222頁+別冊21頁(解答・聴解スクリプト)
CD 1枚付 2,640円(税込) (ISBN978-4-88319-509-1)

■ 中級文法項目の全体像が見渡せる

中級日本語文法 要点整理 ポイント20

友松悦子、和栗雅子 ● 著

B5判 296頁+別冊40頁(解答・解説)
2,200円(税込) (ISBN978-4-88319-457-5)

■ 小論文を書くための基礎力養成

小論文への12のステップ

友松悦子 ● 著

B5判 163頁+別冊31頁(解答・解答例)
1,760円(税込) (ISBN978-4-88319-488-9)

スリーエーネットワーク

ウェブサイトで新刊や日本語セミナーをご案内しております。

https://www.3anet.co.jp/

中級を学ぼう

日本語の文型と
表現56

中級前期　第2版

別冊

・新出語
・解答
・漢字練習の解答
・聴解スクリプト

新出語
しんしゅつご

第1課

扉のページ

効果（こうか）	effect	効果
リラックスする	be relaxed	放松
いらいらする	be irritated	焦躁不安
流れる〔川が～〕（ながれる〔かわが～〕）	[a river] flows	〔河水〕流淌

本文

落ち着く〔心が～〕（おちつく〔こころが～〕）	[one's mind] be calm	〔心情〕平静下来
鳴き声（なきごえ）	birdsong	鸣叫声
いやす	heal	抚慰
ストレス解消（ストレスかいしょう）	stress release	消除精神压力
音楽療法（おんがくりょうほう）	music therapy	音乐疗法
合わせる〔歌に～〕（あわせる〔うたに～〕）	fit in [to a song]	应和着〔歌声〕
手遊び（てあそび）	hand game	用手玩游戏
楽器（がっき）	musical instrument	乐器
演奏する〔楽器を～〕（えんそうする〔がっきを～〕）	play [a musical instrument]	演奏〔乐器〕
いやし	healing	慰藉
演歌（えんか）	traditional Japanese ballad	演歌
効果的（な）（こうかてき（な））	effective	有效的
コミュニケーション	communication	与人沟通
とる〔コミュニケーションを～〕	make [communication]	取得〔沟通〕
療法士（りょうほうし）	therapist	治疗师
次第に（しだいに）	gradually	逐渐地
事例（じれい）	case	事例
現代（げんだい）	modern	现代
もたらす〔効果を～〕（もたらす〔こうかを～〕）	bring forth [an effect]	带来〔效果〕

内容を確かめよう

内容（ないよう）	contents	内容
段落（だんらく）	paragraph	段落

2 ｜ 新出語　第1課

第1課

扉のページ

効果（こうか）	효과	hiệu quả
リラックスする	긴장을 풀다	thư giãn
いらいらする	안달복달하다	bực bội, khó chịu
流れる〔川が〜〕（ながれる〔かわが〜〕）	흐르다 [강이, 강물이 〜]	chảy (sông 〜)

本文

落ち着く〔心が〜〕 （おちつく〔こころが〜〕）	침착해지다, 편해지다 [마음이 〜]	thanh thản, yên lòng
鳴き声（なきごえ）	울음소리, 지저귀는 소리	tiếng hót
いやす	달래다, 치유하다	chữa lành, làm dịu
ストレス解消（ストレスかいしょう）	스트레스 해소	giải tỏa căng thẳng
音楽療法（おんがくりょうほう）	음악 요법	liệu pháp âm nhạc
合わせる〔歌に〜〕 （あわせる〔うたに〜〕）	맞추다 [노래에 〜]	hòa cùng (〜 điệu nhạc)
手遊び（てあそび）	손 동작으로 노는 일	trò chơi dùng tay
楽器（がっき）	악기	nhạc cụ
演奏する〔楽器を〜〕 （えんそうする〔がっきを〜〕）	연주하다 [악기를 〜]	biểu diễn (〜 nhạc cụ)
いやし	힐링	sự thanh thản
演歌（えんか）	일본식 엘레지, 트로트	enka (một dòng nhạc của Nhật Bản)
効果的（な）（こうかてき（な））	효과적이다	mang tính hiệu quả
コミュニケーション	커뮤니케이션, 의사소통	sự giao tiếp
とる〔コミュニケーションを〜〕	하다 [커뮤니케이션/의사소통을 〜]	giao tiếp
療法士（りょうほうし）	요법사, 치료사	chuyên gia trị liệu
次第に（しだいに）	점점, 차차	dần dần
事例（じれい）	사례	ví dụ, trường hợp thực tế
現代（げんだい）	현대	hiện đại
もたらす〔効果を〜〕 （もたらす〔こうかを〜〕）	가져오다, 초래하다 [효과를 〜]	mang lại (〜 hiệu quả)

内容を確かめよう

| 内容（ないよう） | 내용 | nội dung |
| 段落（だんらく） | 단락 | đoạn văn |

結ぶ（むすぶ）	connect	连接
まとまり	group	归纳
始め（はじめ）	start	最开始

学習項目

ロック	rock	摇滚音乐
フェスティバル	festival	节、节日
習得する（しゅうとくする）	acquire	学会，掌握
来場者（らいじょうしゃ）	attendees	到场者
サッカー好き(な)（サッカーずき(な)）	soccer-loving	喜好足球
秘訣（ひけつ）	secret	诀窍，秘诀
注文する（ちゅうもんする）	order	点餐
中級（ちゅうきゅう）	intermediate level	中级

学習項目の練習

テーマ	theme	主题
アクセス	access	访问、交通
ドキュメント	document	文件
ユーザー	user	用户
マニュアル	manual	使用说明书
コンテンツ	contents	内容
スタッフ	staff	工作人员
リーダーシップ	leadership	领导能力
ホームページ	homepage	主页
メディア	media	媒介
アドバイス	advice	建议
カルチャーショック	culture shock	文化冲击
コスト	cost	成本
サイト	site	网站
完成する（かんせいする）	complete	完成
資源（しげん）	resource	资源
再利用（さいりよう）	reuse	二次使用
それぞれ	each	各自，分别
予想する（よそうする）	imagine	预想
配信（はいしん）	distribution	发送信号
売り上げ（うりあげ）	revenue	销售额
テレビ離れ（テレビばなれ）	moving away from TV	不看电视，远离电视
～代（～だい）	～s	～多岁
平均（へいきん）	average	平均
視聴（しちょう）	viewing	收视

結ぶ（むすぶ）	잇다	nối
まとまり	덩어리	sự tổng hợp
始め（はじめ）	첫머리	đầu tiên

学習項目

ロック	록	lễ hội
フェスティバル	페스티벌	nhạc rock
習得する（しゅうとくする）	습득하다, 익히다	lĩnh hội
来場者（らいじょうしゃ）	관람객	quan khách
サッカー好き（な）（サッカーずき（な））	축구를 좋아하다	thích bóng đá
秘訣（ひけつ）	비결	bí quyết
注文する（ちゅうもんする）	주문하다, 시키다	gọi (món)
中級（ちゅうきゅう）	중급	trung cấp

学習項目の練習

テーマ	테마	chủ đề
アクセス	액세스	truy cập, đường đến
ドキュメント	도큐먼트	tài liệu
ユーザー	유저	người dùng
マニュアル	매뉴얼	sách hướng dẫn
コンテンツ	콘텐츠	nội dung
スタッフ	스태프	nhân viên
リーダーシップ	리더십	năng lực lãnh đạo, khả năng lãnh đạo
ホームページ	홈페이지	trang chủ
メディア	미디어	truyền thông
アドバイス	어드바이스	lời khuyên
カルチャーショック	컬처 쇼크	sốc văn hóa
コスト	코스트	chi phí, kinh phí
サイト	사이트	trang web
完成する（かんせいする）	완성하다	hoàn thành
資源（しげん）	자원	tài nguyên
再利用（さいりよう）	재활용	tái sử dụng
それぞれ	각각, 각자	từng cái
予想する（よそうする）	예상하다	dự đoán
配信（はいしん）	배포, 전송	gửi tin, truyền tin
売り上げ（うりあげ）	매상, 매출	doanh thu
テレビ離れ（テレビばなれ）	텔레비전 이탈 현상	xa rời tivi
～代（～だい）	～대	lứa tuổi ~
平均（へいきん）	평균	trung bình
視聴（しちょう）	시청	xem, nghe nhìn

うどん	Japanese wheat noodles	乌冬面
そば	Japanese buckwheat noodles	荞麦面
立てる〔音を～〕（たてる〔おとを～〕）	make [noise]	发出〔声响〕
～道（～どう）	the way of ～	（茶道、花道等的）道
書道（しょどう）	calligraphy	书法
華道（かどう）	flower arrangement	花道
～だけでなく～も	not only ～ but also ～	不仅～而且～
追究する（ついきゅうする）	seek	追求
精神（せいしん）	spirit	精神
飛びだす（とびだす）	rush out	冲出来
拍（はく）	mora	节拍
リズム	rhythm	韵律，节奏
リズム感（リズムかん）	sense of rhythm	节奏感
誠実（な）（せいじつ（な））	sincere	诚实
書き直す（かきなおす）	rewrite	重新写
成長（せいちょう）	growth	（花草、农作物等的）生长
報告（ほうこく）	report	报告
ハウス栽培（ハウスさいばい）	cultivation in a plastic greenhouse	室内培育
努力（どりょく）	effort	努力
ストレス解消法（ストレスかいしょうほう）	way to release stress	消除精神压力的方法
友人（ゆうじん）	friend	朋友
省略する（しょうりゃくする）	omit	省略
八百屋（やおや）	greengrocer's	蔬菜店
気温（きおん）	temperature	气温
差（さ）	difference	差
日中（にっちゅう）	daytime	白天
半袖（はんそで）	short-sleeved shirt	短袖
朝晩（あさばん）	morning and night	早晚
構内〔駅～〕（こうない〔えき～〕）	[station] premises	〔车站〕里
さえずり	chirping	鸣啭
待合室（まちあいしつ）	lobby	候诊室
せせらぎ	babble	潺潺水声
セラピー	therapy	治疗
浴びる〔注目を～〕（あびる〔ちゅうもくを～〕）	get [attention]	受到〔关注〕
コーラス	chorus	合唱
治療（ちりょう）	treatment	治疗
高度(な)（こうど(な)）	high-level	高品质，精良

うどん	우동	mỳ Udon (Món ăn Nhật)
そば	메밀국수	mỳ Soba (Món ăn Nhật)
立てる〔音を～〕（たてる〔おとを～〕）	내다 [소리를 ~]	tạo ra (~ âm thanh)
～道（～どう）	~도	~ đạo (trà đạo, kiếm đạo)
書道（しょどう）	서도, 서예	thư pháp
華道（かどう）	꽃꽂이	nghệ thuật cắm hoa
～だけでなく～も	~뿐만 아니라 ~도	không chỉ ~ mà ~ cũng
追究する（ついきゅうする）	추구하다	theo đuổi
精神（せいしん）	정신	tinh thần
飛びだす（とびだす）	뛰어나가다	lao ra
拍（はく）	박, 일본어의 음운 단위	nhịp
リズム	리듬	giai điệu
リズム感（リズムかん）	리듬감	khả năng cảm nhận giai điệu
誠実(な)（せいじつ(な))	성실하다	thành thực, thành thật
書き直す（かきなおす）	고쳐 쓰다	viết lại
成長（せいちょう）	성장	sinh trưởng
報告（ほうこく）	보고	báo cáo
ハウス栽培（ハウスさいばい）	하우스 재배	trồng trọt trong nhà kính
努力（どりょく）	노력	nỗ lực
ストレス解消法（ストレスかいしょうほう）	스트레스 해소법	cách giải toả căng thẳng
友人（ゆうじん）	친구	bạn thân
省略する（しょうりゃくする）	생략하다	lược bỏ
八百屋（やおや）	야채 가게	cửa hàng rau
気温（きおん）	기온	nhiệt độ
差（さ）	차, 차이	chênh lệch
日中（にっちゅう）	낮	ban ngày
半袖（はんそで）	반소매	áo ngắn tay
朝晩（あさばん）	아침 저녁	sáng và tối
構内〔駅～〕（こうない〔えき～〕）	구내 [역~]	bên trong toà nhà (~ nhà ga)
さえずり	지저귐	tiếng chim hót líu lo
待合室（まちあいしつ）	대합실	phòng chờ
せせらぎ	여울을 흐르는 물 소리	róc rách
セラピー	세러피, 치료	liệu pháp điều trị
浴びる〔注目を～〕（あびる〔ちゅうもくを～〕）	받다 [주목을 ~]	thu hút (~ sự chú ý)
コーラス	코러스, 합창	điệp khúc
治療（ちりょう）	치료	điều trị
高度(な)（こうど(な))	고도의	cấp độ cao

新出語　第1課

求める（もとめる）	call for	要求
人間関係（にんげんかんけい）	human relationship	人际关系
重要視する（じゅうようしする）	place importance on	重视
昨年（さくねん）	last year	去年

作文

文章（ぶんしょう）	text	文章
子守歌（こもりうた）	lullaby	摇篮曲
笑顔（えがお）	smile	笑脸
つらい	tough	痛苦
口ずさむ（くちずさむ）	hum	哼唱
励ます（はげます）	encourage	鼓励
きっかけ	trigger	契机

プラスアルファ

プラス	positive	正面
マイナス	negative	负面
喜び（よろこび）	joy	喜悦
希望（きぼう）	hope	希望
活発（な）（かっぱつ（な））	lively	活泼
悩み（なやみ）	worry	烦恼
程度（ていど）	degree	程度
感覚（かんかく）	sense	感觉
感情（かんじょう）	emotion	感情
うまみ	tastiness	美味

第2課

扉のページ

数字（すうじ）	figure	数字
奇数（きすう）	odd number	奇数
偶数（ぐうすう）	even number	偶数

本文

中国語圏（ちゅうごくごけん）	Chinese-speaking countries/ regions	汉语圈
仲間（なかま）	friend	伙伴，朋友
死（し）	death	死
嫌う（きらう）	dislike	讨厌
縁起のいい（えんぎのいい）	lucky	吉利
異なる（ことなる）	differ	不同

求める（もとめる）	요구하다	yêu cầu
人間関係（にんげんかんけい）	인간관계	quan hệ giữa con người
重要視する（じゅうようしする）	중요시하다	xem trọng
昨年（さくねん）	작년	năm ngoái

作文

文章（ぶんしょう）	문장	đoạn văn
子守歌（こもりうた）	자장가	bài hát ru
笑顔（えがお）	웃는 얼굴	khuôn mặt cười, vẻ mặt tươi cười
つらい	괴롭다	đau đớn
口ずさむ（くちずさむ）	흥얼거리다	hát thầm
励ます（はげます）	격려하다, 북돋우다	động viên, khích lệ
きっかけ	계기	lý do, động cơ, cơ hội

プラスアルファ

プラス	플러스	tích cực
マイナス	마이너스	tiêu cực
喜び（よろこび）	기쁨	niềm vui, vui mừng
希望（きぼう）	희망	hi vọng
活発(な)（かっぱつ(な)）	활발함	hoạt bát, năng động
悩み（なやみ）	고민	sự phiền não
程度（ていど）	정도	mức độ
感覚（かんかく）	감각	cảm giác
感情（かんじょう）	감정	cảm xúc, tâm trạng
うまみ	맛, 감칠맛	vị ngon

第2課

扉のページ

数字（すうじ）	숫자	chữ số
奇数（きすう）	홀수	số lẻ
偶数（ぐうすう）	짝수	số chẵn

本文

中国語圏（ちゅうごくごけん）	중국어권	khu vực nói tiếng Trung Quốc
仲間（なかま）	친구, 동료	bạn bè
死（し）	죽음	cái chết
嫌う（きらう）	싫어하다	ghét
縁起のいい（えんぎのいい）	재수가 좋다	điềm lành
異なる（ことなる）	다르다	khác nhau

新出語　第2課　| 9

こだわる〔数字に～〕 （こだわる〔すうじに～〕）	be particular [about a number]	讲究，在意〔数字〕
ナンバー	number	号码
とる〔例に～〕（とる〔れいに～〕）	take [as an example]	举〔～为例〕
金持ち（かねもち）	a rich person	有钱人
そのため	therefore	因此
オークション	auction	竞拍
数～〔～千万〕（すう～〔～せんまん〕）	several [tens of millions]	数〔千万〕
つく〔値段が～〕（つく〔ねだんが～〕）	be priced at	标〔价〕
抽選（ちゅうせん）	lot drawing	抽签
当たる〔抽選に～〕 （あたる〔ちゅうせんに～〕）	win [a lot drawing]	中〔签〕
手数料（てすうりょう）	handling fee	手续费
入れる〔手に～〕（いれる〔てに～〕）	get [one's hands on]	得到，到〔手〕
プレート	license plate	汽车牌照

ことばを確かめよう

休日（きゅうじつ）	holiday	节假日

学習項目

計画（けいかく）	plan	计划
暖冬（だんとう）	warm winter	温暖的冬天
服装（ふくそう）	clothing	着装

学習項目の練習

うわさ	rumor	传言
監督（かんとく）	director	导演
憧れる（あこがれる）	admire	憧憬
二度と（にどと）	never again	再也（不）
石（いし）	stone	石头
ことわざ	proverb	谚语
辛抱（しんぼう）	patience, endurance	忍耐，坚持
入社（にゅうしゃ）	joining a company	公司入职
～未満（～みまん）	less than	～未满
転職（てんしょく）	job change	跳槽
起業する（きぎょうする）	start a new business	创业
かば	hippopotamus	河马
秘密（ひみつ）	secret	秘密
忠実(な)（ちゅうじつ(な)）	faithful	忠诚
重要(な)（じゅうよう(な)）	important	重要

こだわる〔数字に〜〕 　（こだわる〔すうじに〜〕）	구애되다, 집착하다 　[숫자에 〜]	chú trọng (~ chữ số)
ナンバー	넘버, 번호	số
とる〔例に〜〕（とる〔れいに〜〕）	들다 [예로 〜]	lấy làm (~ ví dụ)
金持ち（かねもち）	부자	giàu có
そのため	그래서	vì vậy
オークション	옥션, 경매	đấu giá
数〜〔〜千万〕（すう〜〔〜せんまん〕）	수 ~ [~천만]	vài ~ (~ chục triệu)
つく〔値段が〜〕（つく〔ねだんが〜〕）	매겨지다 [값이 〜]	có (~ mức giá)
抽選（ちゅうせん）	추첨	bốc thăm
当たる〔抽選に〜〕 　（あたる〔ちゅうせんに〜〕）	당첨되다 [추첨에 〜]	trúng (~ bốc thăm)
手数料（てすうりょう）	수수료	phí thủ tục, tiền lệ phí
入れる〔手に〜〕（いれる〔てに〜〕）	넣다 [손에 〜]	lấy được
プレート	번호판	biển số

ことばを確かめよう

休日（きゅうじつ）	휴일	ngày nghỉ

学習項目

計画（けいかく）	계획	kế hoạch
暖冬（だんとう）	난동, 평년보다 따뜻한 　겨울	mùa đông ấm
服装（ふくそう）	복장	trang phục

学習項目の練習

うわさ	소문	lời đồn
監督（かんとく）	감독	đạo diễn
憧れる（あこがれる）	동경하다	hâm mộ
二度と（にどと）	다시는	không bao giờ
石（いし）	돌	đá
ことわざ	속담	thành ngữ, tục ngữ
辛抱（しんぼう）	인내, 참고 견딤	sự kiên trì, sự nhẫn nại
入社（にゅうしゃ）	입사	vào công ty làm
〜未満（〜みまん）	~ 미만	chưa đầy ~
転職（てんしょく）	전직, 이직	chuyển việc
起業する（きぎょうする）	기업하다	khởi nghiệp
かば	하마	hà mã
秘密（ひみつ）	비밀	bí mật
忠実(な)（ちゅうじつ(な)）	충실하다	trung thành
重要(な)（じゅうよう(な)）	중요하다	quan trọng

新出語　第2課　| 11

心細い（こころぼそい）	feel helpless/uneasy	不安，担心
食事会（しょくじかい）	getting together for a meal	聚餐
大都市（だいとし）	metropolitan city	大城市
価格（かかく）	price	价格
道路工事（どうろこうじ）	road construction	道路施工
我慢する（がまんする）	bear	忍受
大嫌い（な）（だいきらい（な））	hate	非常讨厌
ファッション	fashion	时装
関心（かんしん）	interest	感兴趣
観察（かんさつ）	observation	观察
占い（うらない）	fortune-telling	占卜
血液型（けつえきがた）	blood type	血型
性格（せいかく）	personality	性格
相性（あいしょう）	affinity	性格相合
生年月日（せいねんがっぴ）	date of birth	生日
占う（うらなう）	tell a fortune	占卜
星座（せいざ）	constellation	星座
判断材料（はんだんざいりょう）	information for decision-making	判断依据
画数（かくすう）	number of strokes	笔画数
姓名判断（せいめいはんだん）	telling of a person's fortune based on his/her name	根据姓名的笔画数等来算命或者占卜凶吉
集中する（しゅうちゅうする）	concentrate	集中注意力
取り組む（とりくむ）	undertake	从事于，做
就職先（しゅうしょくさき）	place of employment	就业单位
生かす（いかす）	make use of	发挥
病室（びょうしつ）	hospital room	病房
避ける（さける）	avoid	避免
～以外（～いがい）	besides	除～以外
関連する（かんれんする）	be related to	相关
贈り物（おくりもの）	present	赠送礼物
タブー	taboo	禁忌
お祝い事（おいわいごと）	celebratory event	喜庆的事
割り切れる（わりきれる）	be dividable	除尽
苦（く）	suffering	痛苦
通じる（つうじる）	share the same sound as	谐音
ただし	however	但是
ペア	pair	成对
半ダース（はんダース）	half a dozen	半打

心細い（こころぼそい）	불안하다	bất an
食事会（しょくじかい）	회식	họp mặt ăn uống
大都市（だいとし）	대도시	thành phố lớn
価格（かかく）	가격	giá cả
道路工事（どうろこうじ）	도로 공사	công trình xây dựng cầu đường
我慢する（がまんする）	참다	chịu đựng
大嫌い（な）（だいきらい（な））	몹시 싫어하다	cực kỳ ghét
ファッション	패션	thời trang
関心（かんしん）	관심	quan tâm
観察（かんさつ）	관찰	quan sát
占い（うらない）	점	bói toán
血液型（けつえきがた）	혈액형	nhóm máu
性格（せいかく）	성격	tính cách
相性（あいしょう）	궁합	sự tương thích, sự đồng cảm (tính cách)
生年月日（せいねんがっぴ）	생년월일	ngày tháng năm sinh
占う（うらなう）	점치다	bói
星座（せいざ）	성좌, 별자리	chòm sao
判断材料（はんだんざいりょう）	판단 재료	tư liệu phán đoán
画数（かくすう）	획수	số nét
姓名判断（せいめいはんだん）	성명의 자획 등으로 사람의 운수 등을 점치는 일	bói vận mệnh qua họ tên
集中する（しゅうちゅうする）	집중하다	tập trung
取り組む（とりくむ）	몰두하다, 힘쓰다	áp dụng
就職先（しゅうしょくさき）	취직처	nơi làm việc
生かす（いかす）	살리다	phát huy
病室（びょうしつ）	병실	phòng bệnh
避ける（さける）	피하다	tránh
～以外（～いがい）	～ 이외	ngoài ~
関連する（かんれんする）	관련하다	liên quan
贈り物（おくりもの）	선물	quà tặng
タブー	금기	điều kiêng kỵ
お祝い事（おいわいごと）	경사	điều chúc mừng
割り切れる（わりきれる）	우수리 없이 나누어지다	chia hết
苦（く）	고통	sự đau khổ
通じる（つうじる）	통하다	đọc giống với
ただし	단	tuy nhiên
ペア	페어, 쌍	cặp
半ダース（はんダース）	반 다스	nửa tá

新出語　第2課 | 13

いずれも	in either case	都
一組（ひとくみ）	one set	一套，一组
勘定する（かんじょうする）	count	计算，数

チェックシート

関係（かんけい）	relation	关系
セール	sale	特价，甩卖
商品（しょうひん）	product	商品
半額（はんがく）	half price	半价
思い出（おもいで）	memory	回忆

作文

似る（にる）	resemble	相似
幸運（こううん）	good fortune	幸运
気に入る（きにいる）	like	满意，喜欢
結論（けつろん）	conclusion	结论
まとめ	summary	总结

プラスアルファ

熟語（じゅくご）	idiom, phrase	熟语
春夏秋冬（しゅんかしゅうとう）	spring, summer, autumn and winter	春夏秋冬
四季（しき）	four seasons	四季
日帰り（ひがえり）	day trip	当天返回
１泊２日（いっぱくふつか）	two days, one night	两天一宿
一生（いっしょう）	a lifetime	一生
入る〔手に～〕（はいる〔てに～〕）	come [to one's hand]	得到，到〔手〕
好み（このみ）	personal taste	喜好
協力する（きょうりょくする）	cooperate	合作

第3課

扉のページ

扉（とびら）	door	门

本文

それとも	or	是～还是～
からかう	make fun of	戏弄，取笑
好意的（な）（こういてき（な））	positive	善意的
否定的（な）（ひていてき（な））	negative	否定的
通勤電車（つうきんでんしゃ）	commuter train	上下班的电车
雰囲気（ふんいき）	atmosphere	氛围

いずれも	모두	cả hai đều
一組 （ひとくみ）	한 쌍	một nhóm
勘定する （かんじょうする）	계산하다, 간주하다	tính toán

チェックシート

関係 （かんけい）	관계	quan hệ
セール	세일	giảm giá
商品 （しょうひん）	상품	sản phẩm
半額 （はんがく）	반값	nửa giá
思い出 （おもいで）	추억	kỷ niệm

作文

似る （にる）	닮다	giống
幸運 （こううん）	행운	vận may
気に入る （きにいる）	마음에 들다	thích
結論 （けつろん）	결론	kết luận
まとめ	마무리, 맺음말	tổng hợp

プラスアルファ

熟語 （じゅくご）	숙어	từ ghép
春夏秋冬 （しゅんかしゅうとう）	춘하추동	xuân hạ thu đông
四季 （しき）	사계	bốn mùa
日帰り （ひがえり）	당일치기	đi về trong ngày
1泊2日 （いっぱくふつか）	1박 2일	hai ngày một đêm
一生 （いっしょう）	평생	suốt đời
入る 〔手に～〕 （はいる 〔てに～〕）	들어오다 [손에 ～]	có được
好み （このみ）	기호, 좋아하는 것	sở thích
協力する （きょうりょくする）	협력하다	hợp tác

第3課

扉のページ

扉 （とびら）	문	cánh cửa

本文

それとも	그렇지 않으면	hay là
からかう	조롱하다, 놀리다	trêu chọc
好意的(な) （こういてき(な)）	호의적이다	có ý tốt
否定的(な) （ひていてき(な)）	부정적이다	có ý phủ định
通勤電車 （つうきんでんしゃ）	통근 열차	tuyến tàu điện cho người đi làm
雰囲気 （ふんいき）	분위기	bầu không khí

満ちる〔雰囲気に〜〕 （みちる〔ふんいきに〜〕）	be filled [with an atmosphere]	充满〔氛围〕
酒臭い（さけくさい）	smell of alcohol	带有酒味，酒气
飲んべえ（のんべえ）	drunkard	酒鬼
いろんな	various	许许多多，各种各样
ただ	free of charge	免费
配る（くばる）	distribute	分发
繰り返し（くりかえし）	repetition	反复
だが	however	但是
変わる〔人が〜〕（かわる〔ひとが〜〕）	[people] change	〔人〕改变
押しのける（おしのける）	push aside	推开
座席（ざせき）	seat	座位
失礼(な)（しつれい(な)）	impolite	没有礼貌
反対側（はんたいがわ）	opposite side	相反的一边
暮らす（くらす）	live	生活
思いがけない（おもいがけない）	unexpected	意想不到
出来事（できごと）	event, occurrence	事件
起こる〔出来事が〜〕 （おこる〔できごとが〜〕）	[an event] occurs	发生〔事件〕
相変わらず（あいかわらず）	as ever	依然，仍然

ことばを確かめよう

愛情（あいじょう）	love	亲情
態度（たいど）	attitude	态度

内容を確かめよう

筆者（ひっしゃ）	author	作者
面（めん）	aspect	方面

学習項目

相談しあう（そうだんしあう）	give advice to one another	商量
落第する（らくだいする）	flunk	没有通过，留级
記憶力（きおくりょく）	memory	记忆力
優れる（すぐれる）	be excellent	超群，优秀
自慢する（じまんする）	brag	自得，炫耀
つまり	in other words	也就是说
ベジタリアン	vegetarian	素食主义者
わざわざ	taking the trouble	特意
ドラえもん	Doraemon	机器猫
出す〔例に〜〕（だす〔れいに〜〕）	take [for an example]	举〔〜为例〕

満ちる〔雰囲気に〜〕 （みちる〔ふんいきに〜〕）	가득 차다 ［분위기가 ～］	đầy ắp (~ bầu không khí)
酒臭い（さけくさい）	술내가 나다	toàn mùi rượu
飲んべえ（のんべえ）	술꾼	sâu rượu, bợm rượu
いろんな	여러 가지	nhiều
ただ	공짜	miễn phí
配る（くばる）	나누어 주다	phân phát
繰り返し（くりかえし）	반복	lặp đi lặp lại
だが	그런데	tuy nhiên
変わる〔人が〜〕（かわる〔ひとが〜〕）	달라지다 [태도가 ～]	thay đổi (~ thái độ con người)
押しのける（おしのける）	밀어젖히다	đẩy ra
座席（ざせき）	좌석	chỗ ngồi
失礼(な)（しつれい(な)）	실례하다, 무례하다	mất lịch sự
反対側（はんたいがわ）	반대편	phía đối diện
暮らす（くらす）	살다	sinh sống
思いがけない（おもいがけない）	뜻밖의	không ngờ
出来事（できごと）	일, 사건	sự việc
起こる〔出来事が〜〕 （おこる〔できごとが〜〕）	일어나다 [일이 ～]	xảy ra (~ sự việc)
相変わらず（あいかわらず）	여전히	như mọi khi

ことばを確かめよう
愛情（あいじょう）	애정	tình yêu thương
態度（たいど）	태도	thái độ

内容を確かめよう
筆者（ひっしゃ）	필자	tác giả
面（めん）	면, 측면	mặt, phương diện

学習項目
相談しあう（そうだんしあう）	서로 의논하다	trao đổi với nhau
落第する（らくだいする）	낙제하다, 유급하다	trượt
記憶力（きおくりょく）	기억력	khả năng ghi nhớ
優れる（すぐれる）	뛰어나다	xuất sắc, ưu tú
自慢する（じまんする）	자랑하다	khoe khoang
つまり	결국, 요컨데	tóm lại
ベジタリアン	베지테리언, 채식주의 자	người ăn chay
わざわざ	일부러, 굳이	mất công
ドラえもん	도라에몽	doremon
出す〔例に〜〕（だす〔れいに〜〕）	들다 [예로 ～]	đưa ra (~ ví dụ)

良心（りょうしん）	conscience	良心
見失う（みうしなう）	lose sight of	丧失
命（いのち）	life	生命
担当者（たんとうしゃ）	person in charge	负责人
チェックする	check	核对
崩す〔体調を〜〕 （くずす〔たいちょうを〜〕）	upset [one's health]	〔身体状况〕欠佳，弄 垮〔身体〕
状態（じょうたい）	condition	状态

学習項目の練習

〜ごと〔週末〜〕 （〜ごと〔しゅうまつ〜〕）	every [weekend]	每〔周末〕
あちこち	here and there	到处
バイト	part-time job	兼职，打工
〜社〔A〜〕（〜しゃ〔A〜〕）	company [A]	〔A〕公司
設立する（せつりつする）	found	创立
業績（ぎょうせき）	business performance	业绩
伸びる（のびる）	make progress	增长
発売（はつばい）	sales launch	开始销售
〜通（〜つう）	(counter for letters)	〜封（邮件的量词）
ディズニーランド	Disneyland	迪士尼乐园
する〔耳に〜〕（する〔みみに〜〕）	get [word of]	〔耳朵里〕听到
想像（そうぞう）	imagination	想象
まさに	truly	正是
百聞は一見にしかず （ひゃくぶんはいっけんにしかず）	seeing is believing	百闻不如一见
〜割（〜わり）	ten percent	〜成
試着する（しちゃくする）	try on	试穿
回復する（かいふくする）	recover	恢复
比べる（くらべる）	compare	比较
円滑（な）（えんかつ（な））	smooth	和谐，和睦，顺利
共有する（きょうゆうする）	share	分享
飲み会（のみかい）	drinking party	聚餐，聚会
若者（わかもの）	youth	年轻人
出会い（であい）	encounter	结识
盛ん（な）（さかん（な））	popular	盛行
社会人（しゃかいじん）	working people	参加工作的人
広まる（ひろまる）	spread	推广，普及
派手（な）（はで（な））	showy	鲜艳
くっきり	clearly	清晰，分明

良心 （りょうしん）	양심	lòng tốt
見失う （みうしなう）	잃다	đánh mất
命 （いのち）	목숨, 생명	tính mạng
担当者 （たんとうしゃ）	담당자	người phụ trách
チェックする	체크하다	kiểm tra
崩す〔体調を〜〕	나빠지다 [몸이 〜]	suy sụp (〜 thể trạng)
（くずす〔たいちょうを〜〕）		
状態 （じょうたい）	상태	tình trạng

学習項目の練習

〜ごと〔週末〜〕	〜마다 [주말〜]	mỗi 〜 (〜 cuối tuần)
（〜ごと〔しゅうまつ〜〕）		
あちこち	여기저기	chỗ này chỗ kia
バイト	아르바이트	việc làm thêm
〜社〔A〜〕 （〜しゃ〔A〜〕）	〜사 [A〜]	công ty 〜 (〜 A)
設立する （せつりつする）	설립하다	thành lập
業績 （ぎょうせき）	업적	thành tích
伸びる （のびる）	오르다	tăng lên
発売 （はつばい）	발매	phát hành, mở bán
〜通 （〜つう）	〜 통	〜 bản
ディズニーランド	디즈니랜드	Disney Land
する〔耳に〜〕 （する〔みみに〜〕）	들다, 듣게 되다	nghe thấy
想像 （そうぞう）	상상	tưởng tượng
まさに	정말로, 바로	thật là, đúng là
百聞は一見にしかず	백문이 불여 일견	trăm nghe không bằng một thấy
（ひゃくぶんはいっけんにしかず）		
〜割 （〜わり）	〜 할 (십분의 일)	〜 chục phần trăm
試着する （しちゃくする）	입어 보다	mặc thử
回復する （かいふくする）	회복하다	hồi phục
比べる （くらべる）	비하다	so sánh
円滑（な） （えんかつ（な））	원활히	suôn sẻ
共有する （きょうゆうする）	공유하다	chia sẻ
飲み会 （のみかい）	술모임	tiệc rượu
若者 （わかもの）	젊은이	giới trẻ
出会い （であい）	만남	cuộc gặp gỡ
盛ん（な） （さかん（な））	성하다, 성행하다	thịnh hành
社会人 （しゃかいじん）	사회인	người đi làm
広まる （ひろまる）	퍼지다	lan rộng
派手（な） （はで（な））	화려하다	sặc sỡ
くっきり	또렷이, 선명하게	rõ ràng

新出語　第3課 ｜ 19

落とし物（おとしもの）	lost property	遗失物品
フェイクニュース	fake news	虚假新闻，不实报道
澄む〔空気が～〕（すむ〔くうきが～〕）	[air] becomes clear	〔空气〕清新
間違う（まちがう）	be wrong	弄错，有误
普段（ふだん）	normal, routine	平时
オリンピック	the Olympics	奥运会
メダリスト	medalist	奖牌获得者
都会（とかい）	urban area	城市
ラッシュアワー	rush hour	交通高峰时间
混雑（こんざつ）	crowding	拥挤
乗客（じょうきゃく）	passenger	乘客
たびたび	often	多次
車内（しゃない）	inside a train	车厢内
押し込む（おしこむ）	push in	挤进去
無理やり（むりやり）	by force	强行
行為（こうい）	action	行为
押さえる（おさえる）	hold	抓住，按压
助ける（たすける）	help	帮助
キャッチコピー	promo copy	宣传语
宣伝文句（せんでんもんく）	advertising blurb	宣传语
クリーニング店（クリーニングてん）	dry cleaner's	洗衣店
経営（けいえい）	business management	经营
コンサルタント	consultancy	咨询，顾问
インテリア	interior	室内装修
薬局（やっきょく）	pharmacy	药店
しみ	stain	污渍
引き受ける（ひきうける）	take on	受理
決めつける（きめつける）	make assumptions about	独断
入浴（にゅうよく）	bathing	洗澡
手放す（てばなす）	put down	离手，放下
依存症（いそんしょう）	addiction	上瘾
外出先（がいしゅつさき）	place where one has gone	外出地
伝言（でんごん）	message	留言
匿名（とくめい）	anonymity	匿名
悪質（な）（あくしつ（な））	heinous	恶意的
流す〔情報を～〕（ながす〔じょうほうを～〕）	leak [information]	传播〔信息〕
他人（たにん）	other person	别人
ばらまく	spread	散布
～に対して（～にたいして）	to ~	对于～

20 ｜ 新出語　第3課

落とし物（おとしもの）	유실물, 물건을 잃어버리는 일	đồ đánh rơi
フェイクニュース	가짜 뉴스	tin tức giả mạo
澄む〔空気が〜〕（すむ〔くうきが〜〕）	맑아지다 [공기가 〜]	trong lành (không khí 〜)
間違う（まちがう）	잘못하다, 틀리다	nhầm
普段（ふだん）	평소	thông thường
オリンピック	올림픽	olympic
メダリスト	메달리스트	người đoạt huy chương
都会（とかい）	도시	đô thị
ラッシュアワー	러시아워	giờ cao điểm
混雑（こんざつ）	혼잡	hỗn loạn, tắc nghẽn
乗客（じょうきゃく）	승객	hành khách đi xe
たびたび	자주, 종종	thường xuyên
車内（しゃない）	차내, 열차 안	trong xe
押し込む（おしこむ）	밀어 넣다	nhồi nhét
無理やり（むりやり）	무리하게, 억지로	một cách miễn cưỡng
行為（こうい）	행위	hành vi
押さえる（おさえる）	붙잡다	giữ
助ける（たすける）	도와주다	giúp đỡ, hỗ trợ
キャッチコピー	개치프레이즈	slogan quảng cáo
宣伝文句（せんでんもんく）	선전 문구	slogan quảng cáo
クリーニング店（クリーニングてん）	세탁소	tiệm giặt là
経営（けいえい）	경영	kinh doanh
コンサルタント	컨설턴트	tư vấn
インテリア	인테리어	nội thất
薬局（やっきょく）	약국	hiệu thuốc
しみ	얼룩	vết bẩn
引き受ける（ひきうける）	떠맡다	đảm nhận
決めつける（きめつける）	일방적으로 정하다	áp đặt
入浴（にゅうよく）	목욕	tắm bồn
手放す（てばなす）	손에서 놓다	buông tay, rời tay
依存症（いそんしょう）	의존증	chứng phụ thuộc, nghiện
外出先（がいしゅつさき）	외출지	nơi đến
伝言（でんごん）	전언	lời nhắn
匿名（とくめい）	익명, 이름을 숨김	nặc danh
悪質（な）（あくしつ（な））	악질적이다	ác ý
流す〔情報を〜〕（ながす〔じょうほうを〜〕）	내보내다, 흘리다 [정보를 〜]	lan truyền, tung (〜 thông tin)
他人（たにん）	타인	người khác
ばらまく	뿌리다, 유출시키다	gieo rắc, rải
〜に対して（〜にたいして）	〜에 대하여	đối với 〜

| 早急に（さっきゅうに） | urgently | 快速 |
| 時期（じき） | time | 时机 |

チェックシート

家庭的(な)（かていてき(な)）	family-like	家庭氛围的
種（たね）	seed	种子
打ち合わせ（うちあわせ）	meeting	磋商，碰头
平均寿命（へいきんじゅみょう）	average life expectancy	平均寿命

作文

地形（ちけい）	landscape	地形
浮かぶ〔頭に～〕（うかぶ〔あたまに～〕）	come [into one's head]	〔在脑海中〕浮现
縦（たて）	length	竖
滞在する（たいざいする）	sojourn	居住
単語（たんご）	word	单词
疑問（ぎもん）	question	疑问
感想（かんそう）	impression	感想

プラスアルファ

ステレオタイプ	stereotype	刻板印象
国民性（こくみんせい）	national character	国民性
きちょうめん(な)	meticulous	规规矩矩，一丝不苟
陽気(な)（ようき(な)）	merry	开朗
団体行動（だんたいこうどう）	group behavior	集体行动
マイペース(な)	doing things at one's own pace	不紧不慢，我行我素
プライド	pride	自豪感
画一的(な)（かくいつてき(な)）	standardized	整齐统一
国籍（こくせき）	nationality	国籍

第4課

扉のページ

| くしゃみ | sneeze | 喷嚏 |

本文

光（ひかり）	beam of light	光
入る〔目に～〕（はいる〔めに～〕）	come [into one's eyes]	进入〔视线〕
屋内（おくない）	indoors	室内
まぶしい	dazzling	晃眼
異物（いぶつ）	foreign object	异物

22 ｜ 新出語 第4課

| 早急に（さっきゅうに） | 조속히 | khẩn cấp |
| 時期（じき） | 시기 | thời kỳ, thời điểm |

チェックシート

家庭的（な）（かていてき（な））	가정적이다	mang tính gia đình
種（たね）	씨앗	hạt
打ち合わせ（うちあわせ）	사전 협의	bàn bạc, trao đổi
平均寿命（へいきんじゅみょう）	평균 수명	tuổi thọ trung bình

作文

地形（ちけい）	지형	địa hình
浮かぶ〔頭に〜〕（うかぶ〔あたまに〜〕）	떠오르다 [머릿속에 〜]	nảy ra (〜 trong đầu)
縦（たて）	세로	chiều dọc
滞在する（たいざいする）	체류하다	lưu trú, tạm trú
単語（たんご）	단어	từ đơn
疑問（ぎもん）	의문	nghi vấn
感想（かんそう）	감상	cảm tưởng

プラスアルファ

ステレオタイプ	스테레오 타입, 획일적인 행동이나 이미지	sự rập khuôn
国民性（こくみんせい）	국민성	mang tính dân tộc
きちょうめん（な）	꼼꼼하다	sự ngăn nắp, sự cẩn thận
陽気（な）（ようき（な））	명랑하다	sự thoải mái, sảng khoái
団体行動（だんたいこうどう）	단체 행동	hành động tập thể
マイペース（な）	자기 나름의 방식으로, 제멋대로	suy nghĩ riêng tư, khoảng không gian riêng tư
プライド	프라이드	niềm kiêu hãnh
画一的（な）（かくいつてき（な））	획일적이다	tính đồng nhất
国籍（こくせき）	국적	quốc tịch

第4課

扉のページ

| くしゃみ | 재채기 | hắt xì |

本文

光（ひかり）	빛, 광선	ánh sáng
入る〔目に〜〕（はいる〔めに〜〕）	들다 [눈에 〜]	vào (〜 mắt)
屋内（おくない）	옥내, 실내	trong phòng
まぶしい	눈부시다	chói mắt
異物（いぶつ）	이물, 이물질	dị vật

鼻水（はなみず）	nasal discharge	鼻涕
押しだす（おしだす）	push out	推出，挤出
反射運動（はんしゃうんどう）	reflex action	反射运动
ほこり	dust	灰尘
吸い込む（すいこむ）	breathe in	吸入
取り込む（とりこむ）	absorb	捕捉，吸收
脳（のう）	brain	大脑
伝わる（つたわる）	communicate, travel	传递
起こす〔くしゃみを～〕 （おこす〔くしゃみを～〕）	make [a sneeze]	引发〔打喷嚏〕
神経（しんけい）	nerve	神经
刺激する（しげきする）	stimulate	刺激
むずむずする	itch	鼻子痒痒
花粉症（かふんしょう）	hay fever	花粉症
アレルギー	allergy	过敏
国内外（こくないがい）	home and abroad	国内和国外
自覚症状〔～がある〕 （じかくしょうじょう〔～がある〕）	[have a] subjective symptom	〔有〕自觉症状
症状（しょうじょう）	symptom	症状
子孫（しそん）	descendant	子孙
遺伝する（いでんする）	pass on	遗传
一般的(な)（いっぱんてき(な)）	common	普通的
親子（おやこ）	parent and child	父母与孩子
そっくり(な)	exactly alike	一模一样
興味深い（きょうみぶかい）	fascinating	极其有趣
生理現象（せいりげんしょう）	physiological phenomenon	生理现象

ことばを確かめよう

掃除機（そうじき）	vacuum cleaner	吸尘器
パワー	power	功能，吸力，动力

内容を確かめよう

回数（かいすう）	number of times	次数
定義（ていぎ）	definition	定义
仕組み（しくみ）	mechanism	结构

学習項目

終了（しゅうりょう）	end	结束
ベル	bell	铃声
鳴る（なる）	sound	鸣响

新出語　第4課

鼻水（はなみず）	콧물	nước mũi
押しだす（おしだす）	밀어내다	đẩy ra
反射運動（はんしゃうんどう）	반사 운동	hành động phản xạ
ほこり	먼지	bụi
吸い込む（すいこむ）	들이쉬다	hít vào
取り込む（とりこむ）	흡수하다	đưa vào, mang vào
脳（のう）	뇌	não
伝わる（つたわる）	전해지다	truyền
起こす〔くしゃみを～〕 （おこす〔くしゃみを～〕）	일으키다 [재채기를 ~]	gây ra (~ hắt xì)
神経（しんけい）	신경	thần kinh
刺激する（しげきする）	자극하다	kích thích
むずむずする	근질근질하다	ngứa ngáy
花粉症（かふんしょう）	화분증, 꽃가루 알레르기	bệnh dị ứng phấn hoa
アレルギー	알레르기	dị ứng
国内外（こくないがい）	국내외	trong và ngoài nước
自覚症状〔～がある〕 （じかくしょうじょう〔～がある〕）	자각 증상 [~이 있다]	triệu chứng người bệnh cảm nhận được
症状（しょうじょう）	증상	triệu chứng
子孫（しそん）	자손	con cháu
遺伝する（いでんする）	유전하다	di truyền
一般的（な）（いっぱんてき（な））	일반적이다	phổ biến
親子（おやこ）	부모와 자식	cha mẹ và con cái
そっくり（な）	꼭 닮음	giống hệt
興味深い（きょうみぶかい）	흥미롭다	rất thú vị, rất đáng quan tâm
生理現象（せいりげんしょう）	생리 현상	hiện tượng sinh lý

ことばを確かめよう

掃除機（そうじき）	청소기	máy hút bụi
パワー	파워, 힘	lực, sức mạnh

内容を確かめよう

回数（かいすう）	횟수	số lần
定義（ていぎ）	정의	định nghĩa
仕組み（しくみ）	원리	cơ cấu, cơ chế

学習項目

終了（しゅうりょう）	종료	kết thúc
ベル	벨	chuông
鳴る（なる）	울리다	kêu, rung

飛び込む（とびこむ）	dive into	跳进去
選手（せんしゅ）	athlete	运动员
イベント	event	活动
復旧作業（ふっきゅうさぎょう）	repair work	修复作业
景気（けいき）	business climate	经济形势
暮らし（くらし）	life, living	生活
懐かしい（なつかしい）	miss, feel nostalgic for	令人怀念
卒業旅行（そつぎょうりょこう）	graduation trip	毕业旅行
帰宅（きたく）	going home	回家
ほえる	bark	吼叫
残念(な)（ざんねん(な)）	unfortunate	遗憾
体育祭（たいいくさい）	sports day	体育节

学習項目の練習

終業時間（しゅうぎょうじかん）	end of business hours	下班时间
あふれる	overflow	漫出，溢出
解く（とく）	solve	解题
集中豪雨（しゅうちゅうごうう）	concentrated heavy rain	短时间内雨量很大的暴雨
開始（かいし）	beginning	开始
受験生（じゅけんせい）	entrance exam takers	考生
いっせいに	all at once	一齐
つける〔体力を〜〕 （つける〔たいりょくを〜〕）	build [stamina]	长〔力气〕
駆け込み乗車禁止 （かけこみじょうしゃきんし）	Don't run for the train.	禁止赶着跑上车
飛び込み禁止（とびこみきんし）	No diving.	禁止跳水
飛びだし禁止（とびだしきんし）	Don't rush out onto the road.	禁止突然冲出来
飲食物（いんしょくぶつ）	food and drinks	饮品和食物
持ち込み禁止（もちこみきんし）	No bringing in	禁止带入
プロ	professional	职业
喜ぶ（よろこぶ）	be happy	喜悦
ファン	fan	〜迷
目前（もくぜん）	at hand	眼前
看板（かんばん）	sign board	招牌
結局（けっきょく）	after all	最终
順（じゅん）	order	顺序
生きる（いきる）	live	活着
プロジェクトチーム	project team	项目团队
メンバー	member	成员
改札口（かいさつぐち）	ticket gate	检票口

26 | 新出語　第4課

飛び込む（とびこむ）	뛰어들다	nhảy vào
選手（せんしゅ）	선수	tuyển thủ
イベント	이벤트, 행사	sự kiện
復旧作業（ふっきゅうさぎょう）	복구 작업	công tác khôi phục
景気（けいき）	경기	tình hình kinh tế
暮らし（くらし）	생활	cuộc sống
懐かしい（なつかしい）	그립다	nhớ, thân thiết
卒業旅行（そつぎょうりょこう）	졸업 여행	du lịch tốt nghiệp
帰宅（きたく）	귀가	về nhà
ほえる	짖다	sủa
残念（な）（ざんねん（な））	유감스럽다	đáng tiếc
体育祭（たいいくさい）	체육제	đại hội thể thao

学習項目の練習

終業時間（しゅうぎょうじかん）	종업 시간	hết giờ làm việc
あふれる	넘치다	tràn đầy
解く（とく）	풀다	giải (đề)
集中豪雨（しゅうちゅうごうう）	집중 호우	mưa lớn tập trung
開始（かいし）	개시, 시작	bắt đầu
受験生（じゅけんせい）	수험생	thí sinh dự thi
いっせいに	일제히	đồng loạt
つける〔体力を～〕	기르다 [체력을 ~]	nâng cao (~ thể lực)
（つける〔たいりょくを～〕）		
駆け込み乗車禁止	승차 다이빙 금지, 뛰	cấm phi vội lên tàu
（かけこみじょうしゃきんし）	어들어 타기 금지	
飛び込み禁止（とびこみきんし）	뛰어들기 금지	cấm lao xuống (bơi)
飛びだし禁止（とびだしきんし）	뛰어나가기 금지	cấm lao ra
飲食物（いんしょくぶつ）	음식물	đồ ăn uống
持ち込み禁止（もちこみきんし）	반입 금지	cấm mang vào
プロ	프로	chuyên nghiệp
喜ぶ（よろこぶ）	기뻐하다	vui mừng, hớn hở
ファン	팬	người hâm mộ
目前（もくぜん）	목전, 눈앞	trước mắt
看板（かんばん）	간판	biển hiệu
結局（けっきょく）	결국	kết cục
順（じゅん）	순, 순서	thứ tự
生きる（いきる）	살다	sống
プロジェクトチーム	프로젝트 팀	nhóm dự án
メンバー	멤버	thành viên
改札口（かいさつぐち）	개찰구	cửa soát vé

～度（～ど）	~ degrees	～度
高熱（こうねつ）	high fever	高烧
頭痛（ずつう）	headache	头痛
筋肉痛（きんにくつう）	muscle ache	肌肉痛
かかる〔インフルエンザに～〕	catch [the flu]	患〔流感〕
休める（やすめる）	rest	休息，停歇
うつす〔風邪を～〕（うつす〔かぜを～〕）	pass on [a cold]	〔感冒〕传染
食生活（しょくせいかつ）	diet	饮食生活
医療技術（いりょうぎじゅつ）	medical technology	医疗技术
進歩する（しんぽする）	advance	进步
海水（かいすい）	seawater	海水
死亡率（しぼうりつ）	death rate	死亡率
依頼する（いらいする）	request (someone to do something)	拜托，请求
相談室（そうだんしつ）	inquiry center	客户接待室
問い合わせ（といあわせ）	inquiry	问询
こたえる	answer	答复
返品（へんぴん）	returning a product	退货
送料（そうりょう）	postage fee	运费
当社（とうしゃ）	this/our company	本公司
負担する（ふたんする）	bear	承担
出す〔送料を～〕（だす〔そうりょうを～〕）	pay [a postage fee]	支付〔运费〕
寄る（よる）	stop by	途中顺便去
転ぶ（ころぶ）	fall over	摔倒
たたく	knock	敲打
胸（むね）	chest	胸，胸部
驚く（おどろく）	be surprised	意外
あきれる	be appalled	令人惊讶
ノック	knocking	敲门

作文

愛（あい）	love	爱
恵まれる〔愛に～〕（めぐまれる〔あいに～〕）	be blessed [with love]	受益于〔爱〕
かける〔言葉を～〕（かける〔ことばを～〕）	say [words]	搭〔话〕
記入する（きにゅうする）	write down	记录下

～度（～ど）	～ 도	~ độ
高熱（こうねつ）	고열	sốt cao
頭痛（ずつう）	두통	đau đầu
筋肉痛（きんにくつう）	근육통	đau cơ
かかる〔インフルエンザに～〕	걸리다 ［인플루엔자에 ～］	mắc (~ cảm)
休める（やすめる）	쉬게 하다	nghỉ ngơi
うつす〔風邪を～〕（うつす〔かぜを～〕）	옮기다 [감기를 ～]	lây (~ cảm)
食生活（しょくせいかつ）	식생활	thói quen ăn uống
医療技術（いりょうぎじゅつ）	의료 기술	công nghệ y học
進歩する（しんぽする）	진보하다	tiến bộ
海水（かいすい）	해수, 바닷물	nước biển
死亡率（しぼうりつ）	사망률	ti lệ tử vong
依頼する（いらいする）	의뢰하다	nhờ
相談室（そうだんしつ）	상담실	phòng tư vấn
問い合わせ（といあわせ）	문의	thắc mắc
こたえる	대답하다, 회답하다	hồi đáp
返品（へんぴん）	반품	trả hàng
送料（そうりょう）	송료, 배달비	phí gửi
当社（とうしゃ）	당사	công ty chúng tôi
負担する（ふたんする）	부담하다	đảm nhận, chịu trách nhiệm
出す〔送料を～〕 （だす〔そうりょうを～〕）	내다 [송료를 ～]	trả (~ tiền)
寄る（よる）	들르다	ghé qua
転ぶ（ころぶ）	넘어지다	ngã, lăn
たたく	두드리다	gõ
胸（むね）	속	ngực
驚く（おどろく）	놀라다	ngạc nhiên
あきれる	기가 막히다, 어이없어 하다	ngạc nhiên, sốc
ノック	노크	gõ cửa

作文

愛（あい）	사랑	tình yêu
恵まれる〔愛に～〕 （めぐまれる〔あいに～〕）	누리다 [사랑을 ～]	được ban cho (~ tình yêu)
かける〔言葉を～〕 （かける〔ことばを～〕）	걸다 [말을 ～]	bắt (~ chuyện)
記入する（きにゅうする）	기입하다	ghi vào, điền vào

プラスアルファ

植物（しょくぶつ）	plant	植物
花粉（かふん）	pollen	花粉
約〜（やく〜）	approximately ~	大约〜
透明（な）（とうめい（な））	transparent	透明
さらさらした	runny	流淌不止地
詰まる〔鼻が〜〕（つまる〔はなが〜〕）	[nose] gets blocked	〔鼻〕塞
かゆみ	itch	痒
可能性（かのうせい）	possibility	可能性
見る〔様子を〜〕（みる〔ようすを〜〕）	see [how things look]	观察〔状况〕

第5課

扉のページ

住宅街（じゅうたくがい）	residential area	住宅区
商店街（しょうてんがい）	shopping area	商业区
高層ビル（こうそうビル）	high-rise building	高层建筑
団地（だんち）	apartment block	住宅小区

本文

半ば（なかば）	middle	中旬
幾分（いくぶん）	somewhat	几分，稍许
過ごす（すごす）	live, pass the time	过，度过
一周する（いっしゅうする）	make a lap	绕行一圈
気配（けはい）	hint	气息
最初（さいしょ）	first	第一
通り抜け禁止（とおりぬけきんし）	no through traffic	禁止穿行
進入止め（しんにゅうどめ）	entry barrier	路障
大小（だいしょう）	big and small	大的和小的
たたずまい	atmosphere	氛围
漂わせる（ただよわせる）	waft	弥漫着
池沿い（いけぞい）	along a pond	沿着池塘边
小道（こみち）	path	小路
ベンチ	bench	长椅
落ち葉（おちば）	fallen leaves	落叶
何だか（なんだか）	somewhat	总有点儿
日（ひ）	sunlight	阳光
浴びる〔日を〜〕（あびる〔ひを〜〕）	take in [sunlight]	沐浴〔阳光〕
読書する（どくしょする）	read a book	读书
最後（さいご）	last	最后
息抜き（いきぬき）	relaxation	稍事休息，歇口气

プラスアルファ

植物（しょくぶつ）	식물	thực vật
花粉（かふん）	화분, 꽃가루	phấn hoa
約〜（やく〜）	약 〜	khoảng 〜
透明（な）（とうめい（な））	투명하다	trong suốt
さらさらした	물 같은	ròng ròng
詰まる〔鼻が〜〕（つまる〔はなが〜〕）	막히다 [코가 〜]	nghẹt, ngạt (〜 mũi)
かゆみ	가려움	ngứa
可能性（かのうせい）	가능성	khả năng
見る〔様子を〜〕（みる〔ようすを〜〕）	지켜보다 [상태를 〜]	xem xét (〜 tình hình)

第5課

扉のページ

住宅街（じゅうたくがい）	주택가	khu dân cư
商店街（しょうてんがい）	상점가	phố buôn bán
高層ビル（こうそうビル）	고층 빌딩	nhà cao tầng
団地（だんち）	단지	khu tập thể, khu chung cư

本文

半ば（なかば）	중순	giữa
幾分（いくぶん）	약간	một chút
過ごす（すごす）	지내다	trải qua, sống
一周する（いっしゅうする）	일주하다, 한 바퀴 돌다	một vòng
気配（けはい）	기운, 기미, 낌새	không khí
最初（さいしょ）	첫 번째	ban đầu
通り抜け禁止（とおりぬけきんし）	통행 금지	cấm đi xuyên qua
進入止め（しんにゅうどめ）	진입 방지봉	thanh chắn cấm vào
大小（だいしょう）	대소, 큰 것과 작은 것	lớn nhỏ
たたずまい	모습, 분위기	vẻ
漂わせる（ただよわせる）	자아내다	phảng phất
池沿い（いけぞい）	연못 가	dọc bờ ao
小道（こみち）	좁은 길, 오솔길	đường mòn
ベンチ	벤치	ghế dài
落ち葉（おちば）	낙엽	lá rụng
何だか（なんだか）	어쩐지	có gì đó
日（ひ）	햇살	mặt trời
浴びる〔日を〜〕（あびる〔ひを〜〕）	쬐다 [햇빛을 〜]	tắm (〜 nắng)
読書する（どくしょする）	독서하다	đọc sách
最後（さいご）	마지막	cuối cùng
息抜き（いきぬき）	휴식, 기분 전환	nghỉ ngơi, thư giãn

新出語　第5課　| 31

穏やか（な）（おだやか（な））	serene	安详
包まれる〔空気に～〕	be enveloped [with air]	〔被空气〕笼罩
（つつまれる〔くうきに～〕）		
住まい（すまい）	house, home	住宅

ことばを確かめよう

皆（みな）	everyone	都，大家
画家（がか）	artist	画家

学習項目

増加する（ぞうかする）	increase	增加
明らか（な）（あきらか（な））	clear	明确，清楚
価値観（かちかん）	value system	价值观
発展する（はってんする）	develop	发展
日本酒（にほんしゅ）	saké	日本酒
先輩（せんぱい）	one's senior/superior	早入职的人，老员工， 师兄，师姐
得意げ（な）（とくいげ（な））	proud	得意洋洋
最新（さいしん）	latest	最新
ゲームソフト	video game	游戏软件

学習項目の練習

サポートする	support	支援
団体（だんたい）	organization	团体
ターゲットにする	target	作为对象
学習（がくしゅう）	study	学习
支払い（しはらい）	payment	支付
寄付（きふ）	donation	捐赠
産業（さんぎょう）	industry	产业
済ませる（すませる）	finish	完成
農家（のうか）	farming household	农户
都市化（としか）	urbanization	城市化
進む〔都市化が～〕	progress [of urbanization]	〔城市化〕推进
（すすむ〔としかが～〕）		
風景（ふうけい）	scenery	风景
生活環境（せいかつかんきょう）	living environment	生活环境
大企業（だいきぎょう）	large corporation	大企业
進出（しんしゅつ）	expansion	进驻
東西（とうざい）	the east and the west	东西方向
広がる（ひろがる）	spread	延伸

穏やか（な）（おだやか（な））	온화하다	êm đềm
包まれる〔空気に～〕	감싸이다 [공기로 ～]	được bao bọc (~ trong không
（つつまれる〔くうきに～〕）		khí)
住まい（すまい）	주거	chỗ ở

ことばを確かめよう

皆（みな）	모두	mọi người
画家（がか）	화가	hoạ sỹ

学習項目

増加する（ぞうかする）	증가하다	gia tăng
明らか（な）（あきらか（な））	분명하다	rõ ràng, hiển nhiên
価値観（かちかん）	가치관	quan niệm về giá trị
発展する（はってんする）	발전하다	phát triển
日本酒（にほんしゅ）	사케	rượu Nhật
先輩（せんぱい）	선배	tiền bối
得意げ（な）（とくいげ（な））	자랑스러운 듯하다	với vẻ đắc ý
最新（さいしん）	최신	tối tân
ゲームソフト	게임용 소프트웨어	phần mềm trò chơi

学習項目の練習

サポートする	지원하다	hỗ trợ
団体（だんたい）	단체	đoàn thể
ターゲットにする	타겟으로 하다, 대상으	lấy làm mục tiêu
	로 하다	
学習（がくしゅう）	학습	học tập
支払い（しはらい）	지불	chi trả
寄付（きふ）	기부	quyên góp
産業（さんぎょう）	산업	công nghiệp
済ませる（すませる）	마치다	kết thúc, hoàn thành
農家（のうか）	농가	nhà nông
都市化（としか）	도시화	đô thị hoá
進む〔都市化が～〕	진행되다 [도시화가 ～]	tiến triển (đô thị hóa ~)
（すすむ〔としかが～〕）		
風景（ふうけい）	풍경	phong cảnh
生活環境（せいかつかんきょう）	생활 환경	môi trường sống
大企業（だいきぎょう）	대기업	doanh nghiệp lớn
進出（しんしゅつ）	진출	đầu tư
東西（とうざい）	동서	Đông Tây
広がる（ひろがる）	퍼지다, 펼쳐지다	lan rộng

新出語　第5課　| 33

鉄道（てつどう）	railway	铁路
路線（ろせん）	line	铁轨线路
東西南北（とうざいなんぼく）	four directions	东西南北方向
中高生（ちゅうこうせい）	junior and senior high school students	中学生和高中生
首都（しゅと）	capital	首都
ほぼ	almost	大致
中央部（ちゅうおうぶ）	central part	中部
位置する（いちする）	be located	位于
面積（めんせき）	area	面积
中心部（ちゅうしんぶ）	central area	中心位置
皇居（こうきょ）	Imperial Palace	皇居
江戸城跡（えどじょうあと）	former site of Edo Castle	江户城遗址
タワーマンション	high-rise apartment building	超高层公寓
坂（さか）	hill	山坡
ブランコ	swing	秋千
設置する（せっちする）	install	安装，设置
おじぎ	bowing	鞠躬
かつて	once	曾经
現在（げんざい）	nowadays	现在
ユニセックスファッション	unisex fashion	没有男女区分的时装
化粧する（けしょうする）	wear make-up	化妆
ピアス	pierced earrings	耳环
しかも	what's more	而且
全く（まったく）	(not) at all	完全
ずらりと	in large numbers, in formation	一大排
国旗（こっき）	national flags	国旗
輝く（かがやく）	shine	神采奕奕
五輪（ごりん）	the Olympics	奥运会
閉会式（へいかいしき）	closing ceremony	闭幕式
選手団（せんしゅだん）	athletic team	体育代表团
旗手（きしゅ）	flag bearer	旗手
務める〔旗手を〜〕（つとめる〔きしゅを〜〕）	act [as a flag bearer]	担任〔旗手〕

チェックシート

大型（おおがた）	large	大型

作文

近況（きんきょう）	recent events	近况
日増しに（ひましに）	day by day	日渐

鉄道（てつどう）	철도	đường sắt
路線（ろせん）	노선	tuyến đường
東西南北（とうざいなんぼく）	동서남북	Đông Tây Nam Bắc
中高生（ちゅうこうせい）	중고생	học sinh cấp Hai, cấp Ba
首都（しゅと）	수도	thủ đô
ほぼ	대략, 거의	hầu hết
中央部（ちゅうおうぶ）	중앙부	trung ương
位置する（いちする）	위치하다	tọa lạc, có vị trí
面積（めんせき）	면적	diện tích
中心部（ちゅうしんぶ）	중심부	khu trung tâm
皇居（こうきょ）	황거, 황궁	hoàng cung
江戸城跡（えどじょうあと）	에도성터	di tích Edo cũ
タワーマンション	고층 아파트	căn hộ tháp cao tầng
坂（さか）	언덕길, 비탈길	dốc
ブランコ	그네	xích đu
設置する（せっちする）	설치하다	lắp đặt
おじぎ	절, 인사	việc cúi chào
かつて	예전에	lúc trước
現在（げんざい）	현재	hiện tại
ユニセックスファッション	유니섹스 패션	thời trang phi giới tính (unisex)
化粧する（けしょうする）	화장하다	trang điểm
ピアス	피어스	khuyên tai
しかも	게다가	hơn nữa
全く（まったく）	전혀	hoàn toàn
ずらりと	죽, 즐비하게	hàng dãy, hàng loạt
国旗（こっき）	국기	quốc kỳ
輝く（かがやく）	빛나다	toả sáng, lấp lánh
五輪（ごりん）	올림픽	olympic
閉会式（へいかいしき）	폐회식	lễ bế mạc
選手団（せんしゅだん）	선수단	đội tuyển
旗手（きしゅ）	기수	người cầm cờ
務める〔旗手を～〕 （つとめる〔きしゅを～〕）	맡다 [기수를 ~]	đảm nhận vai trò (~ người cầm cờ)

チェックシート

大型（おおがた）	대형	cỡ lớn

作文

近況（きんきょう）	근황	tình hình gần đây
日増しに（ひましに）	날이 갈수록	ngày càng

木の葉（このは）	tree leaves	树叶
色づく（いろづく）	become colored	变红，着色
新緑（しんりょく）	new green leaves	嫩绿
クリスマスソング	Christmas song	圣诞歌曲
流れる〔歌が～〕（ながれる〔うたが～〕）	[a song] plays	播放〔歌曲〕
近年（きんねん）	recent years	近年
本番（ほんばん）	real part	真正的、正式的阶段
いよいよ	finally	终于
満開（まんかい）	in full bloom	盛开
海山（うみやま）	sea and mountains	大海和山峦
恋しい（こいしい）	long for	爱慕，喜欢
浮き橋（うきはし）	floating bridge	浮桥
激しい（はげしい）	severe	（温差）大，（变化）剧烈
くれぐれも	be sure to, pay extra attention to	一定

プラスアルファ

位置（いち）	location	位置
斜め（ななめ）	diagonally opposite	倾斜
正面（しょうめん）	front	正面
向かい（むかい）	other side	对面
麓（ふもと）	foot	山麓，山脚下
囲む（かこむ）	surround	环绕
面する（めんする）	face	面向，面对
接する（せっする）	be connected to	紧挨着
バスターミナル	bus terminal	公交总站
丘（おか）	hill	山丘
列島（れっとう）	archipelago	列岛
太平洋（たいへいよう）	Pacific Ocean	太平洋

第6課

扉のページ

節分（せつぶん）	traditional end of winter	立春的前一天
バレンタインデー	Valentine's Day	情人节
～前後（～ぜんご）	around ～	～前后，～左右
土用のうしの日（どようのうしのひ）	Day of the Ox in midsummer	伏天的丑日
太巻きずし（ふとまきずし）	thick rolled vinegared rice	粗卷的寿司
お節料理（おせちりょうり）	traditional New Year dishes	过新年时的菜肴

木の葉（このは）	나뭇잎	lá cây
色づく（いろづく）	물들다	nhuộm màu, đổi màu
新緑（しんりょく）	신록	màu xanh tươi của lá non
クリスマスソング	크리스마스 송	bài hát giáng sinh
流れる〔歌が～〕（ながれる〔うたが～〕）	흘러나오다 [노래가 ～]	được phát (bài hát ~)
近年（きんねん）	근년, 근래	những năm gần đây
本番（ほんばん）	한창 때	thời kỳ chính thức
いよいよ	드디어	dần dần, cuối cùng, sắp đến lúc
満開（まんかい）	만개, 만발	nở rộ
海山（うみやま）	바다와 산	núi và biển
恋しい（こいしい）	그립다	nhớ nhung
浮き橋（うきはし）	부교, 배다리	cầu phao, cầu nổi
激しい（はげしい）	심하다	khắc nghiệt, thường xuyên, mạnh mẽ
くれぐれも	부디	rất mong

プラスアルファ

位置（いち）	위치	vị trí
斜め（ななめ）	비스듬함	nghiêng, chéo
正面（しょうめん）	정면	chính diện
向かい（むかい）	맞은편	đối diện
麓（ふもと）	기슭	chân núi, chân đèo
囲む（かこむ）	둘러싸다	bao quanh
面する（めんする）	면하다, 향하다	giáp mặt, đối diện
接する（せっする）	접하다	tiếp giáp
バスターミナル	버스 터미널	bến xe buýt
丘（おか）	언덕	đồi
列島（れっとう）	열도	quần đảo
太平洋（たいへいよう）	태평양	Thái Bình Dương

第6課

扉のページ

節分（せつぶん）	입춘 전날	ngày tiết phân
バレンタインデー	발렌타인 데이	ngày Valentine
～前後（～ぜんご）	～ 전후	khoảng ~
土用のうしの日（どようのうしのひ）	입추 직전의 축일(丑日)	ngày doyo no ushi vào mùa hè
太巻きずし（ふとまきずし）	굵은 김초밥	sushi cuốn to
お節料理（おせちりょうり）	설음식	món ăn ngày Tết (của người Nhật)

新出語　第6課　│　37

うなぎのかば焼き（うなぎのかばやき）	grilled eel	烤鳗鱼

本文

年平均（ねんへいきん）	yearly average	年平均
数倍（すうばい）	several times	几倍
跳ね上がる（はねあがる）	jump	猛涨
うなぎ	eel	鳗鱼
江戸時代（えどじだい）	Edo Era	江户时代
夏ばて（なつばて）	summer lethargy	苦夏
防止〔夏ばて～〕（ぼうし〔なつばて～〕）	prevention [of summer lethargy]	预防〔苦夏〕

宣伝コピー（せんでんコピー）	advertising copy	宣传文稿
期間（きかん）	period of time	期间
定着する（ていちゃくする）	be firmly grounded	固定下来
元（もと）	origin	原来
恵方（えほう）	lucky direction	吉利方向

方向（ほうこう）	direction	方向
向く（むく）	face	朝着
大手（おおて）	major	大型
コンビニチェーン	convenience store chain	连锁便利店
持ち込む（もちこむ）	bring in	带来
広める（ひろめる）	spread	普及
商業（しょうぎょう）	commerce	商业
主義〔商業～〕（しゅぎ〔しょうぎょう～〕）	principle [in commerce]	〔商业〕主义

ことばを確かめよう

贈る（おくる）	present	赠送
バター	butter	黄油
不足する（ふそくする）	be insufficient	短缺
～類（～るい）	kind of ～	～类
見直す〔食生活を～〕（みなおす〔しょくせいかつを～〕）	review [one's diet]	改正〔饮食生活〕
焼き肉（やきにく）	grilled meat	烤肉

学習項目

流す〔涙を～〕（ながす〔なみだを～〕）	shed [tears]	流〔眼泪〕
生まれ変わる（うまれかわる）	be born again	转世，重生

うなぎのかば焼き（うなぎのかばやき）	장어 양념 구이	lươn nướng kabayaki (lươn rọc xương nướng sốt)

本文

年平均（ねんへいきん）	연평균	trung bình hàng năm
数倍（すうばい）	수배	vài lần
跳ね上がる（はねあがる）	뛰어오르다	nhảy cẳng lên
うなぎ	뱀장어	lươn
江戸時代（えどじだい）	에도 시대	thời Edo
夏ばて（なつばて）	여름을 탐, 여름 몸살	mệt lả vì nóng mùa hè
防止〔夏ばて〜〕（ぼうし〔なつばて〜〕）	방지 [여름 몸살 〜]	phòng ngừa (〜 mệt lả vì nóng mùa hè)
宣伝コピー（せんでんコピー）	광고 카피	slogan quảng cáo
期間（きかん）	기간	thời hạn, thời điểm
定着する（ていちゃくする）	정착되다	định hình, bám rễ
元（もと）	원래	nguồn gốc
恵方（えほう）	그 해의 간지에 따라 길하다고 여겨지는 방위	hướng tốt, hướng đẹp
方向（ほうこう）	방향	phương hướng
向く（むく）	향하다	hướng về
大手（おおて）	대기업	doanh nghiệp lớn
コンビニチェーン	편의점 체인	chuỗi cửa hàng tiện dụng
持ち込む（もちこむ）	가지고 들어가다	du nhập
広める（ひろめる）	보급시키다	truyền bá
商業（しょうぎょう）	상업	thương nghiệp
主義〔商業〜〕（しゅぎ〔しょうぎょう〜〕）	주의 [상업〜]	chủ nghĩa (〜 chức nghiệp)

ことばを確かめよう

贈る（おくる）	선물하다	gửi tặng
バター	버터	bơ
不足する（ふそくする）	부족하다	thiếu
〜類（〜るい）	〜류	chủng loại 〜
見直す〔食生活を〜〕（みなおす〔しょくせいかつを〜〕）	다시 보다 [식생활을 〜]	xem lại (〜 thói quen ăn uống)
焼き肉（やきにく）	고기구이	thịt nướng

学習項目

流す〔涙を〜〕（ながす〔なみだを〜〕）	흘리다 [눈물을 〜]	chảy (〜 nước mắt)
生まれ変わる（うまれかわる）	다시 태어나다	tái sinh

就職する（しゅうしょくする）	get employed	就业
漁獲量（ぎょかくりょう）	amount of fish caught	捕鱼量
減り続ける（へりつづける）	continue to decline	持续减少
円グラフ（えんグラフ）	pie graph	饼状图
占める〔18.3% を～〕	account for [18.3%]	占（18.3%）
（しめる〔18.3% を～〕）		
折れ線グラフ（おれせんグラフ）	line graph	折线图
自給率（じきゅうりつ）	self-sufficiency rate	自给率
うなぎ上り（うなぎのぼり）	sharp rise	直线上升
伸び（のび）	growth	增长
目立つ〔伸びが～〕（めだつ〔のびが～〕）	[growth] stands out	显著〔增长〕
横ばい（よこばい）	leveling out	浮动很小
棒グラフ（ぼうグラフ）	bar graph	柱状图
生産量（せいさんりょう）	production volume	产量
最大（さいだい）	largest	最大
次いで（ついで）	second	次之
生産国（せいさんこく）	-producing country	产地国家

学習項目の練習

成長期（せいちょうき）	growing period	长身体时期
習慣化（しゅうかんか）	habitualization	成为习惯
影響（えいきょう）	influence	影响
落ち着き（おちつき）	composure	沉着，镇静
しっかり	fully	好好地
点字ブロック（てんじブロック）	tactile paving	盲道

食（しょく）	food	食物
きずな	bond	纽带
季節感（きせつかん）	sense of the season	季节感
旬（しゅん）	in season	应季
食材（しょくざい）	ingredient	食材
味わう（あじわう）	enjoy	品味
関係する〔季節に～〕	be related [to the season]	〔与季节〕相关
（かんけいする〔きせつに～〕）		
クーラー	air conditioner	冷气机
中継する〔試合を～〕	broadcast [a match]	转播〔比赛〕
（ちゅうけいする〔しあいを～〕）		
ネット	the Internet	因特网
アルコール	alcohol	酒精

就職する（しゅうしょくする）	취직하다	đi làm
漁獲量（ぎょかくりょう）	어획량	lượng đánh bắt
減り続ける（へりつづける）	계속 줄다	tiếp tục giảm
円グラフ（えんグラフ）	원그래프	biểu đồ hình tròn
占める〔18.3% を～〕	차지하다 [18.3%를 ～]	chiếm (～ 18.3%)
（しめる〔18.3% を～〕）		
折れ線グラフ（おれせんグラフ）	꺾은선 그래프	biểu đồ gấp khúc
自給率（じきゅうりつ）	자급률	tỉ lệ tự cung tự cấp
うなぎ上り（うなぎのぼり）	급등	tăng vọt
伸び（のび）	신장, 성장	tăng trưởng
目立つ〔伸びが～〕（めだつ〔のびが～〕）	눈에 띄다 [신장이 ～]	nổi bật (Tăng trưởng ～)
横ばい（よこばい）	보합세	ổn định
棒グラフ（ぼうグラフ）	막대그래프	biểu đồ cột
生産量（せいさんりょう）	생산량	sản lượng
最大（さいだい）	최대	lớn nhất
次いで（ついで）	다음으로	thứ hai, kế tiếp
生産国（せいさんこく）	생산국	nước sản xuất

学習項目の練習

成長期（せいちょうき）	성장기	kỳ sinh trưởng
習慣化（しゅうかんか）	습관화	thành thói quen
影響（えいきょう）	영향	ảnh hưởng
落ち着き（おちつき）	침착성	điềm đạm, chín chắn, bình tĩnh
しっかり	잔뜩	cẩn thận, chắc chắn
点字ブロック（てんじブロック）	점자 블록	đường đi dành cho người khuyết tật
食（しょく）	식사, 음식	bữa ăn
きずな	유대감	sợi dây kết nối
季節感（きせつかん）	계절감	cảm giác về mùa
旬（しゅん）	제철	đúng mùa
食材（しょくざい）	식재료, 식자재	nguyên liệu thực phẩm
味わう（あじわう）	맛보다	thưởng thức
関係する〔季節に～〕	관련되다 [계절과 ～]	liên quan (～ thời tiết)
（かんけいする〔きせつに～〕）		
クーラー	냉방	máy lạnh
中継する〔試合を～〕	중계하다 [경기를 ～]	truyền hình trực tiếp (～ trận đấu)
（ちゅうけいする〔しあいを～〕）		
ネット	인터넷	internet
アルコール	알코올	cồn

患者（かんじゃ）	patient	患者
詐欺事件（さぎじけん）	incident of fraud	诈骗事件
だます	deceive	欺骗
愛する（あいする）	love	爱
手洗い（てあらい）	washing one's hands	洗手
うがい	gargle	漱口
消費期限（しょうひきげん）	use-by date	保质期

廃棄処分（はいきしょぶん）	disposal	废物处理
摂取カロリー（せっしゅカロリー）	calorie intake	摄入的热量
年齢（ねんれい）	age	年龄
性別（せいべつ）	sex	性别
キロカロリー	kilocalorie	千卡路里
学校給食（がっこうきゅうしょく）	school meals	学校供应餐
生（なま）	uncooked	生鲜
加熱する（かねつする）	heat up	加热
全国一（ぜんこくいち）	number one in the country	全国第一
通す〔年間を〜〕 （とおす〔ねんかんを〜〕）	over the course of [the year]	整个〔一年期间〕
月別（つきべつ）	by month	每月，各个月份

作文
一方（いっぽう）	meanwhile, on the other hand	另一方面

プラスアルファ
すっぱい	sour	酸
さっぱりしている	dry	清淡爽口
油っこい（あぶらっこい）	oily	油腻
中食（なかしょく）	home meal replacement	点外卖在家食用
一定の（いっていの）	a set amount of	一定的
決まる（きまる）	be determined, be set	固定，规定

第7課
扉のページ
お相撲さん（おすもうさん）	sumo wrestler	相扑手
社交的(な)（しゃこうてき(な)）	sociable	外向，善于社交
冷静(な)（れいせい(な)）	calm	冷静
活動的(な)（かつどうてき(な)）	active	活跃
器用(な)（きよう(な)）	deft	灵巧

患者（かんじゃ）	환자	bệnh nhân
詐欺事件（さぎじけん）	사기 사건	vụ án lừa đảo
だます	속이다	lừa
愛する（あいする）	사랑하다	yêu
手洗い（てあらい）	손씻기	rửa tay
うがい	가글	súc miệng
消費期限（しょうひきげん）	소비 기한 (식품을 안전하게 먹을 수 있는 기한)	hạn dùng
廃棄処分（はいきしょぶん）	폐기 처분	xử lý tiêu huỷ
摂取カロリー（せっしゅカロリー）	섭취 칼로리	năng lượng hấp thu
年齢（ねんれい）	연령	tuổi tác
性別（せいべつ）	성별	giới tính
キロカロリー	킬로칼로리	calo, năng lượng
学校給食（がっこうきゅうしょく）	학교 급식	bữa ăn ở trường
生（なま）	생, 날	sống
加熱する（かねつする）	가열하다	nấu chín
全国一（ぜんこくいち）	전국 제일	đứng đầu cả nước
通す〔年間を～〕（とおす〔ねんかんを～〕）	통하다 [연간을 ～]	suốt (～ cả năm)
月別（つきべつ）	월별	theo tháng

作文

一方（いっぽう）	한편	mặt khác

プラスアルファ

すっぱい	시다	chua
さっぱりしている	산뜻하다	thanh đạm
油っこい（あぶらっこい）	느끼하다	dầu mỡ
中食（なかしょく）	도시락 등을 사 가지고 와서 집에서 먹는 일	đồ ăn mua mang về
一定の（いっていの）	일정한	nhất định
決まる（きまる）	정해지다	quy định, quyết định

第7課

扉のページ

お相撲さん（おすもうさん）	스모 선수	lực sĩ Sumo
社交的（な）（しゃこうてき（な））	사교적	tính xã giao
冷静（な）（れいせい（な））	냉정하다, 침착하다	bình tĩnh
活動的（な）（かつどうてき（な））	활동적이다	năng động, hoạt bát
器用（な）（きよう（な））	재주가 있다	khéo tay, khéo léo

学ぶ（まなぶ）	study	学习
運動神経（うんどうしんけい）	motor skills	运动细胞
強い〔ストレスに〜〕 （つよい〔ストレスに〜〕）	resistant [to stress]	〔抗压〕能力强
気になる（きになる）	mind	焦虑，担心
個性的（な）（こせいてき（な））	distinctive, unique	有个性
アイドル	idol	偶像，明星
アニメーター	animator	动画作家
漫画家（まんがか）	manga artist	漫画家
ユーチューバー	YouTuber	向 YouTube 网站上传视 频，图像等获取广告 收入的人
医師（いし）	doctor	医生
料理人（りょうりにん）	chef	厨师

本文

相撲取り（すもうとり）	sumo wrestler	相扑手
二面性（にめんせい）	two-sidedness	两面性
組織（そしき）	organization	组织
入門する〔相撲部屋に〜〕 （にゅうもんする〔すもうべやに〜〕）	enroll [in a sumo stable]	〔相扑师门〕拜师入门
寝食（しんしょく）	sleeping and eating	饮食起居
共にする（ともにする）	share	共同做〜
新人（しんじん）	rookie	新手
弟子（でし）	disciple	徒弟
与える（あたえる）	give	分配，吩咐
朝稽古（あさげいこ）	morning training session	晨练
裸（はだか）	nakedness	裸体
はだし	bare feet	赤足
砂（すな）	sand	沙土
風呂場（ふろば）	bath	浴池
兄弟子（あにでし）	senior disciple	师兄
背中（せなか）	back	后背
流す〔背中を〜〕（ながす〔せなかを〜〕）	wash [someone's back]	擦洗〔后背〕
当番（とうばん）	turn of duties	值日
食器（しょっき）	eating utensils	餐具
後片付け（あとかたづけ）	putting away	（餐后）收拾
昼寝（ひるね）	nap	午睡
夕食（ゆうしょく）	supper	晚饭
再び（ふたたび）	again	再次

学ぶ（まなぶ）	배우다	học
運動神経（うんどうしんけい）	운동 신경	thần kinh vận động
強い〔ストレスに～〕	강하다 [스트레스에 ～]	chịu đựng tốt (~ căng thẳng)
（つよい〔ストレスに～〕）		
気になる（きになる）	마음에 걸리다	để ý
個性的（な）（こせいてき（な））	개성적이다	cá tính
アイドル	아이돌	thần tượng
アニメーター	애니메이터	hoạ sĩ vẽ phim hoạt hình
漫画家（まんがか）	만화가	hoạ sĩ vẽ truyện tranh
ユーチューバー	유튜버	người tải video lên YouTube để
		kiếm tiền
医師（いし）	의사	bác sĩ
料理人（りょうりにん）	요리사	đầu bếp

本文

相撲取り（すもうとり）	스모 선수	lực sĩ Sumo
二面性（にめんせい）	양면성	tính hai mặt
組織（そしき）	조직	tổ chức
入門する〔相撲部屋に～〕	입문하다	vào (~ phòng sumo)
（にゅうもんする〔すもうべやに～〕）	[스모 도장에 ～]	
寝食（しんしょく）	침식, 자는 일과 먹는	ăn ngủ
	일	
共にする（ともにする）	같이하다	cùng làm, cùng thực hiện
新人（しんじん）	신인	người mới vào
弟子（でし）	제자, 문하생	đệ tử
与える（あたえる）	주다	giao cho
朝稽古（あさげいこ）	아침 연습	luyện võ sáng sớm
裸（はだか）	나체, 알몸	khoả thân
はだし	맨발	chân trần
砂（すな）	모래	cát
風呂場（ふろば）	욕실	phòng tắm
兄弟子（あにでし）	동문의 선배	sư huynh
背中（せなか）	등	lưng
流す〔背中を～〕（ながす〔せなかを～〕）	씻다 [등을 ～]	kỳ (~ lưng)
当番（とうばん）	당번	trực nhật
食器（しょっき）	식기	bát đĩa
後片付け（あとかたづけ）	설거지	dọn dẹp
昼寝（ひるね）	낮잠	ngủ trưa
夕食（ゆうしょく）	저녁 식사	bữa tối
再び（ふたたび）	다시	lại, một lần nữa

新出語　第7課 | 45

ようやく	finally	总算，好不容易
眠り	sleep	睡眠
つく〔眠りに～〕（つく〔ねむりに～〕）	get to [sleep]	就〔寝〕
繰り返す（くりかえす）	repeat	重复
魚介（ぎょかい）	fish and seafood	鱼虾贝类
豆腐（とうふ）	fermented soybeans	豆腐
大量に（たいりょうに）	in a large amount	大量地
たっぷり	plentifully	大量地
力士（りきし）	sumo wrestler	相扑手
最低（さいてい）	at least	至少
お茶漬け（おちゃづけ）	rice with hot tea poured on it	茶泡饭
さらに	even more	进一步
稽古（けいこ）	training session	训练
重ねる〔稽古を～〕（かさねる〔けいこを～〕）	do several [training sessions]	反复，重复〔训练〕
すると	as a result, at which point	于是
番付（ばんづけ）	ranking	相扑手等级榜
表れる〔形に～〕（あらわれる〔かたちに～〕）	manifest [in the form of]	表现，呈现

ことばを確かめよう

深い〔人間関係が～〕（ふかい〔にんげんかんけいが～〕）	deep [personal ties]	〔关系〕深厚

学習項目

泥（どろ）	mud, dirt	泥巴
保証（ほしょう）	guarantee	保障
普及率（ふきゅうりつ）	diffusion rate, coverage	普及率
意欲（いよく）	desire	热情，意愿
欠ける（かける）	lack	缺乏
社会常識（しゃかいじょうしき）	awareness of social norms	社会常识
湿度（しつど）	humidity	湿度
芽（め）	bud	芽

学習項目の練習

穴（あな）	hole	洞
血（ち）	blood	血
借金（しゃっきん）	debt	欠债
欠点（けってん）	shortcoming	缺点
専門書（せんもんしょ）	specialized book	专业书籍

ようやく	겨우	cuối cùng, mãi cũng đến lúc
眠り	잠	giấc ngủ
つく〔眠りに〜〕（つく〔ねむりに〜〕）	들다 [잠이 ~]	đi vào (~ giấc ngủ)
繰り返す（くりかえす）	반복하다	lặp đi lặp lại
魚介（ぎょかい）	어개, 어패 (생선과 조개, 고둥)	đồ biển, đồ hải sản
豆腐（とうふ）	두부	đậu phụ
大量に（たいりょうに）	대량으로	số lượng lớn
たっぷり	잔뜩	đầy ắp
力士（りきし）	스모 선수	lực sĩ Sumo
最低（さいてい）	최소한	tối thiểu
お茶漬け（おちゃづけ）	녹차를 부은 공기 밥	món cơm chan trà
さらに	더욱더	hơn nữa
稽古（けいこ）	연습	luyện võ
重ねる〔稽古を〜〕（かさねる〔けいこを〜〕）	반복하다 [연습을 ~]	nhiều lần (luyện võ ~)
すると	그러면	tức thì, lập tức
番付（ばんづけ）	스모 선수의 서열표	hạng, xếp hạng
表れる〔形に〜〕（あらわれる〔かたちに〜〕）	나타나다 [성과/결과로 ~]	biểu hiện (~ thành hình dạng)

ことばを確かめよう

深い〔人間関係が〜〕（ふかい〔にんげんかんけいが〜〕）	깊다 [인간관계가 ~]	sâu sắc (mối quan hệ con người ~)

学習項目

泥（どろ）	진흙	bùn
保証（ほしょう）	보증	bảo hành
普及率（ふきゅうりつ）	보급률	tỷ lệ phổ cập
意欲（いよく）	의욕	hoài bão, ý muốn
欠ける（かける）	모자라다, 부족하다	thiếu
社会常識（しゃかいじょうしき）	사회 상식	kiến thức xã hội
湿度（しつど）	습도	độ ẩm
芽（め）	싹	mầm

学習項目の練習

穴（あな）	구멍	cái lỗ
血（ち）	피	máu
借金（しゃっきん）	차금, 빚	tiền vay nợ, khoản nợ
欠点（けってん）	결점	khuyết điểm
専門書（せんもんしょ）	전문서	sách chuyên môn

ステージ	stage	（游戏的）级别
竹の子（たけのこ）	bamboo shoot	竹笋
髪型（かみがた）	hairstyle	发型
機能（きのう）	function	功能
手頃（な）（てごろ（な））	affordable	合适
職人（しょくにん）	artisan	工匠，手艺人
修業（しゅぎょう）	training	学徒，学艺
一人前（いちにんまえ）	accomplished artisan	学成出徒，被认可的
カウンター	counter	柜台
受ける〔注文を〜〕	take [an order]	承接〔订单〕
（うける〔ちゅうもんを〜〕）		
握る〔すしを〜〕（にぎる〔すしを〜〕）	make [sushi]	手握〔寿司〕
身につける（みにつける）	acquire, put on	掌握；穿着
集合時間（しゅうごうじかん）	meeting time	集合时间
筆記用具（ひっきようぐ）	writing utensils	文具
頂上（ちょうじょう）	peak	山顶
生える〔歯が〜〕（はえる〔はが〜〕）	[teeth] grow	长〔牙〕
霧（きり）	fog	雾
癖（くせ）	bad habit	癖好
爪（つめ）	nail	指甲
どうしても	no matter what	无论如何
運航（うんこう）	flight	飞行
ビタミンＣ（ビタミンシー）	vitamin C	维他命C
栄養ドリンク（えいようドリンク）	nutritional drink	营养饮品
待望（たいぼう）	long-awaited	期待
入荷する（にゅうかする）	be in stock	进货
チェックシート		
治す（なおす）	heal	治愈
トレーニング	workout	训练
評判（ひょうばん）	reputation	口碑
作文		
発想（はっそう）	idea	思维方式
ユニーク（な）	unique	独特
事務的（な）（じむてき（な））	clerical	事务性
保護者（ほごしゃ）	guardian	监护人
要望（ようぼう）	request	要求
やる気（やるき）	can-do spirit	干劲

ステージ	ステイジ	sân khấu
竹の子（たけのこ）	죽순	măng tre
髪型（かみがた）	머리 모양	kiểu tóc
機能（きのう）	기능	chức năng
手頃(な)（てごろ(な)）	적당하다	vừa tầm tay, vừa phải
職人（しょくにん）	장인	nghệ nhân
修業（しゅぎょう）	수업, 수행	tu nghiệp
一人前（いちにんまえ）	기량이 일정 수준에 도달할 사람	người trưởng thành
カウンター	카운터	quầy
受ける〔注文を～〕（うける〔ちゅうもんを～〕）	받다 [주문을 ～]	nhận (～ gọi món)
握る〔すしを～〕（にぎる〔すしを～〕）	쥐다, 만들다 [초밥을 ～]	nắm (～ sushi)
身につける（みにつける）	익히다, 습득하다	trang bị
集合時間（しゅうごうじかん）	집합 시간	thời gian tập trung
筆記用具（ひっきようぐ）	필기도구	dụng cụ viết
頂上（ちょうじょう）	정상	đỉnh
生える〔歯が～〕（はえる〔はが～〕）	나다 [이가～]	mọc (～ răng)
霧（きり）	안개	sương mù
癖（くせ）	버릇	thói xấu
爪（つめ）	손톱	móng
どうしても	아무리 해도	dù sao cũng
運航（うんこう）	운항	sự vận hành tàu thuyền, máy bay
ビタミンＣ（ビタミンシー）	비타민C	vitamin C
栄養ドリンク（えいようドリンク）	드링크제	đồ uống dinh dưỡng
待望（たいぼう）	대망, 손꼽아 기다림	kỳ vọng
入荷する（にゅうかする）	입하하다	nhập hàng

チェックシート

治す（なおす）	고치다	sửa, chữa
トレーニング	트레이닝	luyện tập, đào tạo
評判（ひょうばん）	평판	đánh giá

作文

発想（はっそう）	발상	ý tưởng
ユニーク(な)	유니크하다, 독특하다	độc đáo
事務的(な)（じむてき(な)）	사무적이다	mang tính chất văn phòng
保護者（ほごしゃ）	보호자, 학부모	người bảo hộ, phụ huynh
要望（ようぼう）	요망	nguyện vọng
やる気（やるき）	의욕	hứng thú làm

プラスアルファ

自己アピール（じこアピール）	presenting oneself in a positive light	自我宣传
当てはまる（あてはまる）	fit, be appropriate	符合
～力〔コミュニケーション～〕（～りょく〔コミュニケーション～〕）	[communication] skill	〔与人交流的〕能力
主体性（しゅたいせい）	independence	主动性
情報収集（じょうほうしゅうしゅう）	information gathering	收集信息
語学（ごがく）	language study	外语
サービス精神（サービスせいしん）	spirit of service	奉献精神
協調性（きょうちょうせい）	cooperativeness	协调性
柔軟性（じゅうなんせい）	flexibility	灵活性
好奇心（こうきしん）	curiosity	好奇心
探究心（たんきゅうしん）	spirit of inquiry	求知欲
旺盛（な）（おうせい（な））	having a high level	旺盛
効率（こうりつ）	efficiency	效率
粘り強い（ねばりづよい）	persevering	坚忍不拔
～名〔資格～〕（～めい〔しかく～〕）	name [of a qualification]	〔资格证书〕名称
アピールする	appeal	宣传
強み（つよみ）	strength	优点
参加者（さんかしゃ）	participant	参与者
主体的に（しゅたいてきに）	proactively	积极地，主动地
企画する（きかくする）	organize	策划
実施する（じっしする）	carry out	实施
自信（じしん）	confidence	自信
持つ〔自信を～〕（もつ〔じしんを～〕）	have [self-confidence]	拥有〔自信〕

第8課

扉のページ

第一印象（だいいちいんしょう）	first impression	第一印象
心がける（こころがける）	keep in mind	注意，留意
自然（な）（しぜん（な））	natural	自然，不做作
表情（ひょうじょう）	expression	表情
姿勢（しせい）	posture	姿势
外見（がいけん）	appearance	外观

本文

決定する（けっていする）	determine	决定
要素（ようそ）	factor	要素
言語的（な）（げんごてき（な））	verbal	语言方面

プラスアルファ

自己アピール（じこアピール）	자기 어필	giới thiệu điểm mạnh của bản thân
当てはまる（あてはまる）	들어맞다, 해당하다	tương ứng
～力〔コミュニケーション～〕（～りょく〔コミュニケーション～〕）	～력 [커뮤니케이션～]	năng lực ~ (~ giao tiếp)
主体性（しゅたいせい）	주체성	tính tự lập
情報収集（じょうほうしゅうしゅう）	정보 수집	thu thập thông tin
語学（ごがく）	어학	ngoại ngữ, ngôn ngữ học
サービス精神（サービスせいしん）	서비스 정신	tinh thần phục vụ
協調性（きょうちょうせい）	협조성	tính hợp tác, hòa đồng
柔軟性（じゅうなんせい）	유연성	tính linh hoạt
好奇心（こうきしん）	호기심	tính hiếu kỳ, ham học hỏi
探究心（たんきゅうしん）	탐구심	tính cầu thị
旺盛（な）（おうせい（な））	왕성하다	mạnh mẽ
効率（こうりつ）	효율	hiệu suất
粘り強い（ねばりづよい）	끈질기다	kiên trì
～名〔資格～〕（～めい〔しかく～〕）	～명 [자격～]	tên ~ (~ tư cách)
アピールする	어필하다	tự giới thiệu điểm mạnh của bản thân
強み（つよみ）	강점	điểm mạnh
参加者（さんかしゃ）	참가자	người tham gia
主体的に（しゅたいてきに）	주체적으로	một cách chủ động
企画する（きかくする）	기획하다	kế hoạch
実施する（じっしする）	실시하다	thực thi
自信（じしん）	자신	tự tin
持つ〔自信を～〕（もつ〔じしんを～〕）	가지다 [자신을 ～]	có (~ tự tin)

第8課

扉のページ

第一印象（だいいちいんしょう）	첫인상	ấn tượng đầu tiên
心がける（こころがける）	유의하다, 명심하다	để tâm
自然（な）（しぜん（な））	자연스럽다	tự nhiên
表情（ひょうじょう）	표정	biểu cảm
姿勢（しせい）	자세	tư thế
外見（がいけん）	외모	ngoại hình

本文

決定する（けっていする）	결정하다	quyết định
要素（ようそ）	요소	yếu tố
言語的（な）（げんごてき（な））	언어적이다	mang tính ngôn ngữ

非言語的（な）（ひげんごてき（な））	non-verbal	除语言以外的其他方面
視覚情報（しかくじょうほう）	visual information	视觉信息
聴覚情報（ちょうかくじょうほう）	auditory information	听觉信息
ボディーランゲージ	body language	形体语言
判断する（はんだんする）	judge	判断
わずか	only	仅仅
説（せつ）	theory	观点，主张
極端（な）（きょくたん（な））	extreme	极端，特殊
動作（どうさ）	action	动作
ポイント	aspect	要点
合わせる〔目を～〕（あわせる〔めを～〕）	meet [someone's gaze]	〔目光〕对视
信頼（しんらい）	trust	信任
無表情（むひょうじょう）	bland expression	面无表情
前かがみ（まえかがみ）	looking down, slouching	拱腰
背もたれ〔～に寄りかかる〕（せもたれ〔～によりかかる〕）	[lean back against a] back rest	〔倚〕靠背
寄りかかる（よりかかる）	lean back	靠，依靠
威圧感〔～を与える〕（いあつかん〔～をあたえる〕）	[apply] pressure	〔给人〕威严感
スピード	speed	速度
状況（じょうきょう）	situation	状况
合う〔状況に～〕（あう〔じょうきょうに～〕）	fit [circumstances]	〔与状况〕相符
人間（にんげん）	human	人
中身（なかみ）	character	内涵
見た目（みため）	appearance	外观
左右する（さゆうする）	sway	影响
効果的に（こうかてきに）	effectively	有效地

ことばを確かめよう

ほほえむ	smile	微笑
全て（すべて）	all	所有的
愛らしい（あいらしい）	endearing	可爱

学習項目

まね	imitation	模仿
収入（しゅうにゅう）	income	收入
優秀（な）（ゆうしゅう（な））	excellent	优秀
招く〔誤解を～〕（まねく〔ごかいを～〕）	invite [misunderstanding]	招致〔误解〕
栄養（えいよう）	nutrient	营养
バランス	balance	均衡

非言語的（な）（ひげんごてき（な））	비언어적이다	phi ngôn ngữ
視覚情報（しかくじょうほう）	시각 정보	thông tin thị giác
聴覚情報（ちょうかくじょうほう）	청각 정보	thông tin thính giác
ボディーランゲージ	보디 랭귀지	ngôn ngữ cơ thể
判断する（はんだんする）	판단하다	phán đoán
わずか	불과	chỉ một chút
説（せつ）	설	học thuyết
極端（な）（きょくたん（な））	극단적이다	mang tính cực đoan
動作（どうさ）	동작	động tác
ポイント	포인트	điểm nhấn
合わせる〔目を～〕（あわせる〔めを～〕）	맞추다 [눈을 ~]	gặp nhau (Ánh mắt ~)
信頼（しんらい）	신뢰	sự tin tưởng
無表情（むひょうじょう）	무표정	không biểu cảm
前かがみ（まえかがみ）	앞으로 구부린 자세	nghiêng về phía trước
背もたれ〔～に寄りかかる〕	등받이 [~에 기대다]	cái tựa lưng (dựa vào ~)
（せもたれ〔～によりかかる〕）		
寄りかかる（よりかかる）	기대다	dựa vào
威圧感〔～を与える〕	위압감 [~을 주다]	áp lực (gây ~)
（いあつかん〔～をあたえる〕）		
スピード	속도	tốc độ
状況（じょうきょう）	상황	tình trạng
合う〔状況に～〕	맞다 [상황에 ~]	phù hợp (~ tình trạng)
（あう〔じょうきょうに～〕）		
人間（にんげん）	인간, 사람	con người
中身（なかみ）	내용	bên trong, nội dung
見た目（みため）	겉보기	bề ngoài
左右する（さゆうする）	좌우하다	chi phối
効果的に（こうかてきに）	효과적으로	một cách hiệu quả

ことばを確かめよう

ほほえむ	미소짓다	mỉm cười
全て（すべて）	모두, 전부	toàn bộ
愛らしい（あいらしい）	사랑스럽다, 귀엽다	khả ái, dễ thương

学習項目

まね	흉내	bắt chước
収入（しゅうにゅう）	수입	thu nhập
優秀（な）（ゆうしゅう（な））	우수하다	ưu tú
招く〔誤解を～〕（まねく〔ごかいを～〕）	부르다 [오해를 ~]	dẫn đến (~ hiểu lầm)
栄養（えいよう）	영양	dinh dưỡng
バランス	밸런스	sự cân bằng

| 言葉遣い（ことばづかい） | use of language | 措辞 |

学習項目の練習

自信満々に（じしんまんまんに）	with plenty of confidence	充满自信地
事業（じぎょう）	business enterprise	事业
拡大する〔事業を〜〕	expand [a business enterprise]	扩大〔事业〕
（かくだいする〔じぎょうを〜〕）		
サラリーマン	salaried office worker	上班族
仕事場（しごとば）	workplace	职场
プロポーズする	propose	求婚
幸福(な)（こうふく(な)）	happy	幸福
品質（ひんしつ）	quality	品质
気づく（きづく）	notice	发现
威張る（いばる）	act big	逞威风
変換する（へんかんする）	convert	转换
ミニドレス	mini dress	超短女礼服
ビジネス	business	商务
場面（ばめん）	scene	场合
ミス	mistake	错误
トラブル	trouble	纠纷
能力（のうりょく）	skill	能力
疑う（うたがう）	doubt	怀疑
引き起こす（ひきおこす）	cause	引起
成人する（せいじんする）	become an adult	成人
子供っぽい（こどもっぽい）	childlike	孩子气
長時間（ちょうじかん）	a long time	长时间
使用（しよう）	use	使用
吐き気（はきけ）	nausea	恶心
下向き（したむき）	downward-facing	低头
めまい	dizziness	眩晕
適度(な)（てきど(な)）	appropriate	适当
休息（きゅうそく）	rest	休息
勧める（すすめる）	recommend	建议

作文

具体的(な)（ぐたいてき(な)）	concrete	具体的
軽視する（けいしする）	make light of	轻视

プラスアルファ

ディベート	debate	辩论
討論（とうろん）	debate	辩论

| 言葉遣い（ことばづかい） | 말투 | lời ăn tiếng nói, dùng từ |

学習項目の練習

自信満々に（じしんまんまんに）	자신만만하게	đầy tự tin
事業（じぎょう）	사업	hoạt động kinh doanh, dự án
拡大する〔事業を～〕 （かくだいする〔じぎょうを～〕）	확대하다 [사업을 ～]	mở rộng (~ hoạt động kinh doanh)
サラリーマン	샐러리맨	nhân viên công ty
仕事場（しごとば）	일터, 직장	nơi làm việc
プロポーズする	프로포즈하다	cầu hôn
幸福(な)（こうふく(な)）	행복하다	hạnh phúc
品質（ひんしつ）	품질	chất lượng
気づく（きづく）	깨닫다, 알아차리다	nhận ra
威張る（いばる）	뽐내다	kiêu căng, hợm hĩnh
変換する（へんかんする）	변환하다	biến đổi, hoán chuyển
ミニドレス	미니드레스	váy ngắn
ビジネス	비즈니스	kinh doanh
場面（ばめん）	장면	hoàn cảnh, bối cảnh
ミス	미스, 실수	lỗi
トラブル	트러블	rắc rối
能力（のうりょく）	능력	năng lực
疑う（うたがう）	의심하다	nghi ngờ
引き起こす（ひきおこす）	일으키다	gây ra
成人する（せいじんする）	성인이 되다	thành nhân, trưởng thành
子供っぽい（こどもっぽい）	어린애 같다, 유치하다	tính trẻ con
長時間（ちょうじかん）	장시간	thời gian dài
使用（しよう）	사용	sử dụng
吐き気（はきけ）	구역질	buồn nôn
下向き（したむき）	고개를 숙임	hướng xuống dưới
めまい	현기증	hoa mắt
適度(な)（てきど(な)）	적절하다	thích hợp
休息（きゅうそく）	휴식	nghỉ ngơi, giải lao
勧める（すすめる）	권하다	khuyên, khuyến khích

作文

| 具体的(な)（ぐたいてき(な)） | 구체적이다 | cụ thể |
| 軽視する（けいしする） | 경시하다 | xem nhẹ |

プラスアルファ

| ディベート | 디베이트, 토론 | cuộc tranh luận |
| 討論（とうろん） | 토론 | thảo luận |

手順（てじゅん）	procedure	程序
表現（ひょうげん）	phrase	词语表达
同数（どうすう）	same number	同等数量
作戦タイム（さくせんタイム）	strategy time	发言的准备时间
述べる（のべる）	state	阐述
反論（はんろん）	refutation	反驳
再度（さいど）	again	再次
述べ合う（のべあう）	state to each other	互相阐述
個々に（ここに）	individually	分别，依次
やはり	after all	还是

56 ｜ **新出語　第8課**

手順（てじゅん）	절차, 순서	trình tự
表現（ひょうげん）	표현	biểu hiện
同数（どうすう）	동수, 같은 수	cùng 1 số
作戦タイム（さくせんタイム）	작전 타임	thời gian tổng hợp ý kiến, thời gian tác chiến
述べる（のべる）	말하다	trình bày
反論（はんろん）	반론	phản biện
再度（さいど）	재차	lần sau, một lần nữa
述べ合う（のべあう）	서로 말하다	trao đổi
個々に（ここに）	개별적으로	từng cá nhân
やはり	역시	quả là, đúng là

新出語　第 8 課　| 57

解答

第1課

ことばを確かめよう

1) ①もたらす　②たまって　③合わせて／合わせ　④いやされる

2) ①最も　②さまざまな　③次第に　④したがって

内容を確かめよう

1. 1) ○　2) ×　3) ×

2. 1) c　2) a　3) e　4) b　5) d

3. 1) ×　2) ○　3) ○

4. ③

学習項目の練習

1. 1) 省略

   2) ①ミーティング　②リサイクル　③コスト

2. 1) ①例：増え・[も]・増えていく・簡単に聞ける

   ②例：減っ・[も]・減っていく・テレビ以外の楽しいことがたくさんある

3. 1) ①なぜ日本人は歩くのが速いのだろうか。

   ②なぜ日本にはどこにでも自動販売機があるのだろうか。

   ③なぜ日本人は電車に乗る時、きちんと並んで待つのだろうか。

   ④なぜ日本人は「うどん」や「そば」を音を立てて食べるのだろうか。

   2) ①例：サッカー道やラーメン道があります。

   3) ①a. 止まれない　b. リズム　c. 言いやすく

   ②例：5拍や7拍のリズムを使っています。

   ③省略

4. 1) ①歌が下手な彼が歌手になれるわけがない。

   ②こんなに簡単な歌が歌えないわけがない。

   ③カラオケに毎日通っている彼が歌が嫌いなわけがない。

   ④リズム感がない彼が歌がうまいわけがない。

   2) ①例：日本語が話せない　②例：借りられる　③例：病気になる

58 ｜ 解答　第1課

5. 1) ①わけがない　②わけがない　③わけではない　④わけがない　⑤わけではない

6. 1) ①私の行きたいところは富士山です。

　　　③来週 友達の住んでいる町に遊びに行くつもりだ。

　2) ①a. ハウス　b. クラシック　②例：非常にいいものができました。

　　　③例：クラシック音楽です。

7. 1) ①b　②d　③c　④a

　2) 省略

8. 1) ①スーパーでは肉を、八百屋では新鮮な野菜を買っている。

　　　④この国は気温の差が大きい。暑い日中は半袖を、朝晩はコートを着ている。

　2) ①例：自然の音です。／小鳥のさえずりやせせらぎの音です。

　　　②例：川のせせらぎの音です。

9. 1) ①これからストレスを感じる人がより増えていくだろう。

　　　②今後コーラスを楽しむ人がより多くなっていくと思っている。

　　　③今後、治療に音楽がより多く利用されていくだろう。

　2) ②③

チェックシート

1. ストレス　2. 効果　3. とる　4. 次第に　5. が　6. の　7. わけがない。

8. こそ　9. より　10. のだろうか。

聴解タスクシート

2. 1) 例：波の音や小鳥の鳴き声です。

　2) 例：音楽／自然の音を聞くことです。

作文

1. 1) 例：子守歌です。

　2) 例：小さい時、お母さんがよく歌ってくれたからです。

　3) 例：つらい時や寂しい時に歌っています。

プラスアルファ

1. A：楽しさ　喜び　希望　活発　うれしい

　B：悲しい　悩み　寂しさ　つらい

2. 1) ①強さ　②高さ　③甘さ　④寂しさ　⑤つらい

　2) ①うまい　②寂しさ　③便利さ　④楽しみ

解答　第1課　59

第2課

扉のページ

1. 奇数 （1, 3, 5, 7, 9, 131）

   偶数 （2, 4, 6, 8, 10, 444）

ことばを確かめよう

1) ①ついた　②入れる　③こだわる　④とって／とり

2) ①偶数　②縁起　③手数料　④抽選

内容を確かめよう

1. 1）○　2）×　3）×　4）×

2. 1）a　2）b　3）c

3. ③　4. ①　5. ③

学習項目の練習

1. 1) ①仕事・仕事　②漢字・心・漢字　③日・今日という日

   ④うわさ・佐藤さんが会社を辞めるといううわさ

2) ①例：3年ぐらい我慢した方がいい・仕事は1年とか2年では分からないことが多い

3) ①例：もんじゃ焼き　②例：あの人が結婚するっていう

2. 1) ①犬ほど人に忠実な動物はいない。　②「8」ほど縁起がいい数字はない。

   ③友達とゲームをすることほど楽しいことはない。

   ④気候の変化について説明する時、数字で表すことほど分かりやすい説明はない。

2) ①○　②○　③×

3) ①例：外国に行った時、その国の言葉が全然分からないこと

   ②例：友達から手紙をもらうこと　③例：試験を受けること／試験

3. 1) ①例：びっくりする（ほど）　②例：（涙が）出るほど　③例：勉強できないほど

2) ①例：おなかがすいて　②例：よく食べる。／よく勉強する。

3) ①例：食事ができない　②例：隣の人がうるさく（て）・勉強できない

4. 1) ①b　②c　③a　④d

2) ①例：血液型占い、星座占い、姓名判断などがあります。

   ②例：生年月日で占います。

5. 1) ①いつするか・どこへ行くか　②何時間するかより、どのぐらい集中するか

   ③いくら持っているかより、何に使うか

④何年経験があるかより、どう取り組んできたか

2) 省略

6. 1) ①例：4は「死」と同じ音を持っているからです。

②例：4階に病室を作ることです。

2) ①a. 割り切れる　b. 9　c. 2

②例：2、4、6などです。　③例：「苦」に通じるからです。

チェックシート

1. プレート　2. 縁起　3. 当たれば・入れる　4. より・に　5. ほど・はない。

6. 倒れる　7. から

聴解タスクシート

2. 1) 例：4です。

2) 例：発音するといい意味になるからです。

プラスアルファ

1. 1) 1　2) 四　3) 一　4) 4

2. A　1) b　2) a　3) c

　　B　1) a　2) c　3) b

第3課

ことばを確かめよう

2. 1) ①配られて　②暮らし　③満ちて　④押しのけて／押しのけ

2) ①失礼な　②思いがけない　③否定的な／好意的な・好意的な／否定的な

内容を確かめよう

1. 1) ×　2) ○　3) ×　4) ○

2. 1) 面白い　2) まじめな　3) 高い　4) うるさい　5) 親切・失礼な　6) 不思議な

3. ③　4. ③　5. ①

学習項目の練習

1. 1) ①大学に入って以来、生活のために夜コンビニでバイトをしている。

②彼とは半年ぐらい前に会って以来、連絡を取っていない。

③A社は2010年に設立されて以来、毎年業績が伸びている。

④来日以来、家族が心配しないように、毎日連絡している。

解答　第3課　| 61

⑤この製品は10年前の発売以来、多くの人に使われている。

2) 省　略

2. 1) ①何冊も　②何曲も　③何倍も　④何通も

2) ①例：想像より何倍も美しかったです。　②省　略

3) ①何ページか　②何着か　③何日か　④何割か

3. 1) ①a. 飲みニケーション／ノミニケーション　b. 飲む　c. コミュニケーション

②例：お酒を飲んで気持ちを共有することです。

2) ①例：「合コン」です。　②例：1980年頃です。

3) ①その・あの　②その・それ

4. 1) ①c　②b　③d

2) ①例：文化の違いです。　②省　略

5. 1) ①比べる　②調べる　③出す　④（ご）紹介する

2) ①例：乗客を車内に押し込んで無理やりドアを閉めていました。

②例：ドアを押さえて、乗客が車内に入るのを助けています。

6. 1) ①クリーニング店　②薬局　③経営コンサルタント　④インテリアデザイン会社

2) ①親・教師　②食事中であろうと、入浴中であろうと

7. 1) ①行って　②来て　③戻って

2) ①例：匿名で悪質な情報を流したり、他人の写真をばらまいたりする人がいることです。

②例：「インターネットの何が危険か」です。　③省　略

チェックシート

1. 雰囲気　2. 配られた。　3. 入って　4. これは・それとも　5. 何曲も

6. 予約しなければならない　7. 言う　8. であろうと　9. います。

聴解タスクシート

2. 1) 例：駅で繰り返し注意されるからです。

2) 例：好意的な言葉であって、否定的な言葉ではないと思っています。

作文

1. a. ①　b. ②

62　│　解答　第3課

第4課

ことばを確かめよう

2. 1) ①飛びだす／飛びだした　②表す／表します　③遺伝する　④吸い込む

　　2) ①そっくり　②きっかけ　③一般的な　④実際の

内容を確かめよう

1. 1) ○　2) ×　3) ○　4) ○

2. 1) c　2) d　3) a　4) b

3. ②　4. ①　5. ①目　②目　③鼻　④口／鼻

学習項目の練習

1. 1) ①家へ帰ったとたん、親に「遅い」と叱られた。

　　②電車に乗ったとたん、事故で電車が止まってしまった。

　　③バイトを辞めたとたん、貯金できなくなった。

　　④終業時間になったとたん、事務所には誰もいなくなる。

2. 1) A　①あふれだした　②取りだす／取りだした　③逃げだした

　　　　④解きだす／解きだした

　　　B　⑤入り込んで　⑥走り込み／走り込んで

　　2) ①d　②c　③b

　　3) ①b. 3　c. 5　d. 4　e. 2　②省略

3. 1) ①水・生きていると言えるでしょう。

　　②私はプロジェクトチームのメンバーとともに、新製品の開発に取り組んでいる。

　　③台風で電車が止まるとともに、駅の改札口は人であふれた。

　　2) ①例：38度以上の高熱とともに、頭痛・筋肉痛という症状があります。

　　②例：インフルエンザです。

　　3) ①b　②a　③c

4. 1) ①日本での研修　②友人とのカラオケ　③友人からの相談　④事務所の人への依頼

　　2) ①a. からの　b. との　c. への

　　②例：客（お客様）とのコミュニケーションです。

　　③例：会社が出します。

5. 1) ①へ行く・友達に会った。　②映画館へ行く途中、転んだ。

　　③家へ帰る途中、スーパーで買い物した。

解答　第4課 | 63

6. 1) ①くすくす　②とんとん　③ざーざー　④げらげら

　　2) A　①ひりひり　②わくわく　③どきどき　④むずむず　⑤むかむか

　　　 B　①からから　②くたくた　③ぺこぺこ

7. 1) ①例：家族が来週日本へ来る。　②例：大切にしていた時計をなくしてしまった。

　　　 ③例：彼は真冬でも海で泳いでいる。　④例：彼女は今日も遅刻した。

　　2) 省略

チェックシート

1. 本来　2. きっかけ　3. 遺伝する　4. 症状　5. むずむず　6. とともに
7. への　8. 着いた　9. 行く　10. こと

聴解タスクシート

2. 1) 例：鼻に入った異物です。　2) 例：2、3割の人に自覚症状があります。

作文

1. 1) ①悪いうわさ　②風邪　③健康　④愛　⑤アレルギー

第5課

扉のページ

1. 1) 団地　2) 伝統的な建物　3) 商店街　4) 住宅街　5) 高層ビル

ことばを確かめよう

2. 1) ①浴びて／浴び　②訪れて　③包まれて

　　2) ①息抜き　②住まい　③半ば　④気配

内容を確かめよう

1. 1) ○　2) ×　3) ×　4) ○　5) ×

2. 1) 休日　2) 入口　3) 池　4) ベンチ　5) 子供たち　6) 感想

3. ①a　②c　d　e　f　③g

4. ③

学習項目の練習

1. 1) ①日本で働く外国人の数が増加しつつある。

　　　 ②若い人の仕事への意識が変化しつつある。

　　　 ③働く女性をサポートする団体が多くなりつつある。

　　　 ④最近、一人暮らしの人をターゲットにした商品が増えつつある。

64 ｜ 解答　第5課

2)　省略

3)　①例：農家が多く静かな町でした。　②例：町の風景や生活環境です。

2. 1)　①この町は駅を中心に商店街が東西に広がっている。

②鉄道の路線はＡ駅を中心に東西南北に伸びている。

③この町は自動車産業を中心に発展してきた。

④このアニメは中高生を中心に人気を集めている。

2)　①例：ほぼ中央部に位置しています。　②例：皇居を中心に発展してきました。

3)　省略

3. 1)　①右へ曲がったところにコンビニがある。

②信号を渡ったところでタクシーを降りた。

③駅の改札口を出たところに新しいタワーマンションがある。

④橋を渡って、もう少し行ったところで休もう。

2)　①例：私の妹が通っている学校がある。

②例：あの角を左に曲がった・水族館がある。

3)　①例：転んでしまった。　②例：交差点を渡った・財布を拾った。

4. 1)　①行く　降りる　見る　使う　聞く

②食べられる　できる　見える　（風が）吹く　分かる

2)　①a　②b　③b　④a　⑤a　⑥b

5. 1)　省略

2)　①a. 着られる　b. ファッション　c. ピアス

②例：男らしさや女らしさがあるファッションでした。　③例：化粧やピアスです。

3)　省略

6. 1)　①例：田中選手でした。　②例：楽しげでした。

2)　①恥ずかしげな　②寂しげな／悲しげな

チェックシート

1. 気配　2. 息抜き　3. 包まれる。　4. 幾分　5. 何だか　6. を　7. ところに

8. 増え　9. らしい　10. 楽しげに

聴解タスクシート

2. 1)　例：大小２つの池を中心に造られています。

2)　例：住まいの近くに散歩できる公園があるのは幸せなことだと思っています。

作文
さくぶん

1. 1) ②④⑧　2) ⑥⑨　3) ①③　4) ⑤⑦

プラスアルファ

2. ①周り　②北　③西　④上　⑤麓
　　まわ　　きた　にし　うえ　ふもと

3. ①北海道　②東北　③関東　④四国　⑤九州
　　ほっかいどう　とうほく　かんとう　しこく　きゅうしゅう

4. ①囲まれている　②接している　③位置している　④面している
　　かこ　　　　　　せっ　　　　　　　いち　　　　　　めん

第6課
だい　か

扉のページ
とびら

1. ①b　②a　③e　④d　⑤c

ことばを確かめよう
たし

2. 1) ①持ち込んだ　②定着して　③跳ね上がって　④集中して
　　　　も　こ　　　　ていちゃく　　　は　あ　　　　しゅうちゅう

　　2) ①（食）生活　②（夏ばて）防止　③（商業）主義　④宣伝（コピー）
　　　　しょく せいかつ　　なつ　　　ぼうし　　しょうぎょう しゅぎ　　せんでん

内容を確かめよう
ないよう　たし

1. 1) ×　2) ○　3) ×　4) ×　5) ○

2. 1) うなぎ　2) 理由　3) 食べ物　4) 食生活
　　　　　　　　　　りゆう　　た　もの　　しょくせいかつ

3. ②　4. ③　5. ②

学習項目の練習
がくしゅうこうもく　れんしゅう

1. 1) a. 悪くなっちゃう→悪くなってしまう　b. だから→ですから
　　　　わる　　　　　　わる

　　　　c. 食べなきゃいけない→食べなければいけない　d. だけど→しかし
　　　　　　た　　　　　　　　　た

　　　　e. 多くなってる→多くなっている　f. 大切なんだ→大切なのだ
　　　　　　おお　　　　　おお　　　　　　たいせつ　　　　たいせつ

2. 1) ①例：母からもらった料理の本です。　②例：言葉や文化の違いだ。
　　　　　れい　はは　　　　　りょうり　ほん　　　れい　ことば　ぶんか　ちが

　　2) ①目が悪い人にとって分かりやすい。
　　　　　め　わる　ひと　　　　わ

　　　　②外国人にとって／子供にとって／誰にとっても分かりやすい。
　　　　　がいこくじん　　　　こども　　　　だれ　　　　　　わ

　　3) ①例：「健康のために必要」という意見です。
　　　　　れい　けんこう　　　　ひつよう　　　　いけん

　　　　②例：「季節感を大切にする」とか「旬の食材を味わう」という意見です。
　　　　　れい　きせつかん　たいせつ　　　　しゅん しょくざい　あじ　　　　　　いけん

　　　　③省略
　　　　　しょうりゃく

3. 1) ①例：食べ　②例：見　③例：話さ／言わ／知らせ　④例：話さ／言わ
　　　　　れい　た　　　れい　み　　れい　はな　い　　し　　　れい　はな　い

　　2) ①例：インターネットをせずにはいられない　②例：お酒を飲まずにはいられない
　　　　　れい　　　　　　　　　　　　　　　　　　れい　さけ　の

　　3) 省略
　　　　しょうりゃく

66 ｜ 解答　第6課

4. 1) ①聞いているらしい　②いないらしい　③悪いらしい　④事故らしい

　　⑤好きらしい

　2) ①b　②b　③b　④a

5. 1) ①データの取り方がおかしいとしたら、正しい結果になるわけがない。

　　②自分の会社を作るとしたら、世界中の花を売る会社を作りたい。

　　③金持ちになったとしたら、どんなことをしたいですか。

　　④「詐欺事件」のニュースを見ていなかったとしたら、この話に簡単にだまされて

　　いただろう。

　2) ①例：猫がいいです。いつでも寝られるからです。

6. 1) ①d　②a　③b

　2) ①a. 年齢　b. 2,650　c. 1,950　d. 884　②ア. ×　イ. ○　ウ. ×

　3) ①ことにしている　②ことになっている　③ことになっている　④ことにしている

7. 1) ①a　②b　③b

　2) ①7（月）　②8月　③10月　④5月

チェックシート

1. 効果　2. 一気に・跳ね上がった。　3. が・に　4. にとって　5. ことになる

6. 起きなきゃ。　7. 食べ　8. 好き

聴解タスクシート

2. 1) 例：200年以上前に作られました。／200年以上前です。

　2) 例：大手コンビニチェーンです。

プラスアルファ

1. 1) 苦い　2) さっぱりしている　3) 薄い

2. ①中食　②食べ放題　③飲み放題　④期間限定

解答　第6課　｜　67

第7課

ことばを確かめよう

2. 1) ①流す ②与え ③重ねる ④共にする

 2) ①大量に ②ようやく ③再び

内容を確かめよう

1. 1) ○ 2) ○ 3) × 4) ○

2. 1) 二面性 2) 生活 3) 食事 4) 面白さ

3. ②c ③e ④d ⑤a

4. ② 5. ① 6. ①

学習項目の練習

1. 1) ①穴だらけ ②泥だらけ ③傷だらけ ④ほこりだらけ

 2) 省略

2. 1) ①覚え・例：読め／分から

  ②練習しないと・例：上手にならないからだ。／上手に踊れないからだ。

3. 1) ①c ②a ③d ④b

 2) ①例：春です。 ②b

4. 1) ①服装・髪型 ②メールやカメラの機能に加え、支払い

  ③味がいいのに加え、値段も手頃だ。

  ④その国の言葉が分からないのに加え、食べ物が違う

5. 1) ①は・も ②は

 2) ①a. 一人前 b. 5、6年 c. 時間 ②ウ

6. 1) ①昼の弁当は自分で用意する

  ②都合が悪い場合は、電話で連絡するように伝えてくださいませんか。

  ③筆記用具を忘れないように伝えてくださいませんか。

 2) 省略

7. 1) ①c ②b ③a ④e ⑤d

8. 1) ①c ②b ③a ④b

 2) ①a ②b ③a

チェックシート

1. 繰り返す 2. ようやく 3. は 4. だらけ 5. 毎日しない・出られない
6. 行く 7. に加え 8. ように 9. 出て

聴解タスクシート

2. 1) 例：肉類・魚介類・豆腐・野菜類などです。

   2) 例：賞金がもらえるようになります。

第8課

ことばを確かめよう

2. 1) ①合わせて／合わせ ②寄りかから ③決定して

   2) ①姿勢 ②中身 ③動作 ④無表情

内容を確かめよう

1. 1) × 2) × 3) ○

2. 1) 要素 2) 例 3) 非言語的 4) 効果的

3. ①

4. ①表情 ②姿勢 ③大きさ ④スピード

学習項目の練習

1. 1) ①d ②c ③a ④b

   2) ①例：10万 ②例：100 ③例：A先生が学校を辞めるかもしれない

2. 1) ①時間・あれ ②天気さえよければ ③ペットさえいれば

   2) 省略

3. 1) ①こそ・さえ・しか ②こそ・さえ・しか

4. 1) ①外国語・その国に住めば上手になる

      ②食事はおなかがいっぱいになればいいというものではない。

      ③お金はたくさんあれば幸福（だ）というものではない。

      ④学生時代のアルバイトはしなければならないというものではない。

   2) ①a. つい b. 悪くて c. 必要がない d. 安ければいい ②ウ

5. 1) A 例：ウ　オ

      B ①威張っている ②自信がない

   2) ①例：働き過ぎる ②例：長い時間休まないで運転する

解答　第8課　│　69

3) ①例：大きなトラブルになる可能性があります。　②省　略

6. 1) ①c　②b　③a　④d

2) 省　略

3) ①例：首や頭が痛くなるとか、吐き気がする原因です。

②例：適度な休息やストレッチです。

③例：スマホが手放せないことです。

チェックシート

1. 姿勢　2. 中身・効果的に　3. わずか・30分　4. さえ・取れば　5. 病気になり

6. 丈夫な　7. 上手になる

聴解タスクシート

2. 1) 例：言葉や話の内容です。

2) 例：中身が大切だと言われています。

漢字練習の解答
かんじれんしゅう かいとう

第1課
だいか

1. 1）おんがく　2）おと　3）こうか　4）さびしい　5）すき（な）　6）おちつく

　　7）しぜん　8）なみ　9）ことり　10）なきごえ　11）うた　12）てあそび

　　13）がっき　14）えんそうする　15）えんか　16）かんたん（な）　17）きらい（な）

　　18）ことば　19）むずかしい　20）りょうほうし　21）いっしょに　22）しだいに

　　23）げんだい

2. 1）もっとも　2）かいしょう　3）じれい

3. 1）すき⇔きらい　2）おと　3）おんがく　4）がっき　5）たのしい

　　6）しだいに　7）つぎに　8）うた　9）かしゅ　10）しぜん　11）ぜんぜん

第2課
だいか

1. 1）すうじ　2）ぐうすう　3）きすう　4）ちゅうごくごけん　5）なかま　6）し

　　7）えんぎ　8）ことなる　9）しょうかいする　10）いみ　11）ひじょうに

　　12）ねだん　13）ちゅうせん　14）ばんごう　15）じゅうようしする

2. 1）はつおん　2）あたる　3）てすうりょう

3. 1）おもい⇔かるい　2）えんぎ　3）おきる　4）いみ　5）あまいあじ

第3課
だいか

1. 1）おもしろい　2）ひていてき（な）　3）ふんいき　4）みちている

　　5）さけくさい　6）くばる　7）すべる　8）とびら　9）くりかえし

　　10）おしのける　11）ざせき　12）すわる　13）しつれい（な）　14）おもう

　　15）はんたいがわ　16）しゅうかん　17）ちがう　18）ふしぎ（な）　19）くらす

2. 1）いらい　2）こういてき（な）　3）できごと　4）あいかわらず

3. 1）ざせき・すわる　2）ならう　3）がくしゅう　4）しゅうかん・なれる

　　5）ふしぎ・おもう

漢字練習の解答　第1課　71

第 4 課

1. 1）たいよう　2）ひかり　3）くらい　4）おくない　5）とびだす　6）はな

　7）つめたい　8）すいこむ　9）しんごう　10）とちゅう　11）しんけい

　12）しげきする　13）かふんしょう　14）**2、3**わり　15）しょうじょう　16）しそん

　17）いっぱんてき（**な**）　18）だんじょさ　19）きょうみぶかい　20）せいりげんしょう

2. 1）じかく　2）おやこ

3. 1）あかるい⇔くらい　2）つめたい⇔あたたかい　3）おくない⇔おくがい

　4）とびだす　5）ひこうき　6）つめたい　7）れいぞうこ　8）かふんしょう

　9）はなみ

第 5 課

1. 1）すぎ　2）あさばん　3）いくぶん　4）すずしい　5）いっしゅう　6）さんぽ

　7）あき　8）いりぐち　9）とる　10）とおりぬけ　11）きんし

　12）しんにゅうどめ　13）つくる　14）しずか（**な**）　15）いけぞい　16）こみち

　17）あびる　18）いきぬき　19）おだやか（**な**）　20）つつむ　21）しあわせ

2. 1）なかば　2）さいしょ　3）けはい　4）おちば　5）どくしょ　6）さいご

3. 1）しんにゅう　2）すすめる　3）さんぽ　4）あるく　5）とる　6）とる

　7）つくる　8）つくる

第 6 課

1. 1）**かばやき**　2）へいきん　3）**20**すうばい　4）えど　5）**なつばて**

　6）ぼうし　7）せんでん**コピー**　8）つづく　9）みじかい　10）きかん

　11）しゅうちゅうする　12）せつぶん　13）ふとまきずし　14）かんさい　15）えほう

　16）しょうぎょう　17）しゅぎ　18）のこる

2. 1）ぜんご　2）ていちゃくする　3）ほうこう・むく　4）こううん・おとずれる

3. 1）みじかい⇔ながい　2）かんさい⇔かんとう　3）しゅうちゅう　4）あつめる

　5）のこる　6）ざんねん

72 ｜ 漢字練習の解答　第 4 課

第7課

1. 1）てん　2）そしき　3）にゅうもんする　4）ともにする　5）しんじん

　6）でし　7）あたえる　8）ふゆ　9）すなだらけ　10）ふろ　11）あにでし

　12）せなか　13）ながす　14）かたづけ　15）そうじ　16）せんたく　17）ふたたび

　18）たいりょう　19）にくるい　20）やさい　21）くわえる　22）りきし

　23）さいてい　24）なく　25）かつ　26）きゅうりょう　27）しょうきん

　28）がんばった　29）かたち

2. 1）しんしょく　2）たいじゅう　3）かさねる　4）ばんづけ

3. 1）しんじん　2）あたらしい　3）あに・おとうと・きょうだい

　4）なつ・あき・ふゆ・きせつ　5）さいてい⇔さいこう　6）なく　7）なく

第8課

1. 1）いんしょう　2）ようそ　3）ないよう　4）じょうほう　5）ちょうかく

　6）みみ　7）ふくそう　8）はんだんする　9）せつ　10）しせい　11）えがお

　12）しんらい　13）よりかかる　14）いあつかん　15）なかみ

2. 1）けっていする　2）ひげんごてき（な）　3）しかく　4）むひょうじょう

　5）じじつ　6）がいけん

3. 1）どうさ　2）さくぶん　3）つくる　4）えがお　5）わらう　6）しんらい

　7）たのむ　8）ひだり・みぎ・さゆうする　9）なかみ　10）どくしん

漢字練習の解答　第7課　｜　73

聴解スクリプト
ちょうかい

聴解タスクシート 2
ちょうかい

第1課
だい か

1) 自然の音にはどんなものがありますか。
  し ぜん おと

2) 「音楽療法」の中で、一番簡単なものは何ですか。
  おんがくりょうほう なか いちばんかんたん なん

第2課
だい か

1) 日本や中国語圏で嫌われている数字は何ですか。
  に ほん ちゅうごく ご けん きら すう じ なん

2) 香港で「18」という番号に人気がある理由は何ですか。
  ホンコン ばんごう にん き り ゆう なん

第3課
だい か

1) マリア・エレナさんはどうして駅でうるさいと思いましたか。
  えき おも

2) マリア・エレナさんは今、「面白い」という言葉をどう思っていますか。
  いま おもしろ こと ば おも

第4課
だい か

1) くしゃみは本来、何を外に押し出そうとするものですか。
  ほんらい なに そと お だ

2) 国内外の調査によると、「光くしゃみ反射」の症状は何割の人に自覚症状がありま
  こくないがい ちょう さ ひかり はんしゃ しょうじょう なんわり ひと じ かくしょうじょう
  すか。

第5課
だい か

1) 公園は何を中心に造られていますか。
  こうえん なに ちゅうしん つく

2) この人は公園について、どう思っていますか。
  ひと こうえん おも

第6課
だい か

1) 土用のうしの日の宣伝コピーは何年前に作られましたか。
  ど よう ひ せんでん なんねんまえ つく

2) 関東に「節分の太巻きずし」を持ち込んだのは誰ですか。
  かんとう せつぶん ふと ま も こ だれ

74 ｜ 聴解スクリプト 第1課

第7課

1)「ちゃんこ」と呼ばれる料理には何が入っていますか。

2) 頑張ったことがどんな形になって表れますか。1つ書いてください。

第8課

1) 言語的な要素は何ですか。

2) 一般的に人間は何が大切だと言われていますか。

第6課　学習項目の練習7－1）聞こう

①ある調査[1]によると、恵方巻きを知っている人は84%だが、知っている人の中で、実際に食べた人は61.9%で、食べなかった人より多かったそうだ。

[1] 出典：2017年「ミツカン情報ファイル」

② 調査[2]によると、2人以上の家族で、うなぎを買う金額は近畿が全国一だそうです。関東と東海地方の売り上げを比べてみると、関東は東海地方ほど多くないということです。

[2] 総務省統計局「2013年家計調査（二人以上の世帯）」に基づく

③これはお菓子のグラフです。このお菓子の売り上げは年間を通して、ほぼ横ばいです。しかし、ある月だけ他の月より2倍以上に跳ね上がっています。それはクリスマスにこれを食べる習慣があるからでしょう。